Unsere Muttersprache

6

Cornelsen

Volk und Wissen Verlag

Zu diesem Buch gibt es ein passendes Arbeitsheft (Bestellnummer 1006583).

Autoren der Bearbeitung für Sachsen: Simone Fischer (Auerbach), Bernd Skibitzki (Taucha)

Das Buch wurde erarbeitet auf der Grundlage der allgemeinen Ausgabe von:
Ulrike Busch, Hartmut Frentz, Viola Oehme, Gerda Pietzsch, Bianca Ploog, Jürgen Schäfer, Adelbert Schübel, Edith Sonntag, Martin Steen, Viola Tomaszek, Hannelore Walther

Redaktion: Bettina Tolle, Gabriella Wenzel

Autoren und Redaktion danken Eva-Maria Riesner (Zwickau), Veronika Amm (Dresden) und Bernd Brüheim (Leipzig) für wertvolle Anregungen und praktische Hinweise bei der Entwicklung des Manuskripts.

Umschlaggestaltung: Gerhard Medoch, Katharina Wolff
Illustrationen: Cleo-Petra Kurze, Bernhard Förth
Layout: Stephan Rosenthal
Technische Umsetzung: Manfred Bober

http://www.cornelsen.de   http://www.vwv.de

Die Internet-Adressen und -Dateien, die in diesem Lehrwerk angegeben sind, wurden vor Drucklegung geprüft (Stand: August 2004). Der Verlag übernimmt keine Gewähr für die Aktualität und den Inhalt dieser Adressen und Dateien oder solcher, die mit ihnen verlinkt sind.

Dieses Werk berücksichtigt die Regeln der reformierten Rechtschreibung und Zeichensetzung. Ausnahmen bilden Originaltexte, bei denen lizenzrechtliche Gründe einer Änderung entgegenstehen, Autoren und Verlage Einspruch gegen die Umstellung der Texte auf das neue Regelwerk erhoben haben. Der Entscheidung des Verlages für die Beibehaltung der alten Schreibweise bei Originaltexten liegt die aktuelle Liste der Verwertungsgesellschaft WORT zugrunde.

1. Auflage 4 3 2 1   Jahr 07 06 05 04

Alle Drucke dieser Auflage sind inhaltlich unverändert und können im Unterricht nebeneinander verwendet werden.

© 2004 Cornelsen Verlag, Berlin

Das Werk und seine Teile sind urheberrechtlich geschützt.
Jede Nutzung in anderen als den gesetzlich zugelassenen Fällen bedarf der vorherigen schriftlichen Einwilligung des Verlages.
Hinweis zu §52a UrhG: Weder das Werk noch seine Teile dürfen ohne eine solche Einwilligung eingescannt und in ein Netzwerk eingestellt werden. Dies gilt auch für Intranets von Schulen und sonstigen Bildungseinrichtungen.

Druck: ???

ISBN 3-06-100657-5
Bestellnummer 1006575

 Gedruckt auf säurefreiem Papier,
umweltschonend hergestellt aus chlorfrei gebleichten Faserstoffen.

Inhaltsverzeichnis

Was weiß ich noch aus Klasse 5?		6

Zuhören – Sprechen – Schreiben

Miteinander sprechen – sich verständigen		8
Diskussionen führen – Stellung beziehen	LB 1, 3	8
Projektidee: Wir gestalten eine Wandzeitung		16
Sich im Spiel ausdrücken	LB 4, 5, 6	18
Rollenspiele		18
Schauspielern wie die Profis		20
Projektidee: Wir gestalten einen Theaterabend		24
Briefe und E-Mails schreiben	LB 5	26
Erzählen		30
Mündliches Erzählen	LB 3, 4	31
Schriftliches Erzählen	WP 2	32
Geschichten nacherzählen / Geschichten verändern	LB 4	37
Kreatives Schreiben	LB 6, WP 2	42
Beschreiben	LB 4	47
Einen Vorgang beschreiben		47
Einen Gegenstand beschreiben		50
Eine Person beschreiben		54
Berichten	LB 3	57

Mit Texten und Medien umgehen

Lesen trainieren – aus einem Jugendbuch vortragen	LB 3, 4, 5	63
Mit Gedichten umgehen	LB 1, 6	72
Projektidee: Wir bereiten eine Gedichtausstellung vor		80
Sachtexten Informationen entnehmen	LB 1	82
Informationen sammeln	LB 1, 3	91
Mit Nachschlagewerken umgehen		91
Im Internet Informationen suchen		94
Projektidee: Wir feiern erzgebirgische Weihnachten	WP 3	96
Einen Text überarbeiten	LB 1	98
Einen Kurzvortrag halten	LB 1, 3, 5	101

Über Sprache nachdenken

Satzbau und Zeichensetzung — LB 2 — 108
- Satzglieder und Satzgliedteile — 108
  - Subjekt und Prädikat — 109
  - Adverbialbestimmung / Adverbiale (Umstandsbestimmung) — 110
  - Objekt (Ergänzung) — 113
  - Attribut (Beifügung) — 116
  - Kommasetzung bei Aufzählungen — 119
- Einfache und zusammengesetzte Sätze — 120
  - Satzbaupläne / Satzbilder — 121
  - Satzverbindung — 122
  - Satzgefüge — 123
- Die Zeichensetzung bei der direkten (wörtlichen) Rede — 125

Wortarten und Wortformen — LB 2 — 126
- Verben — 127
  - Leitformen / Stammformen — 127
  - Finite (gebeugte) und infinite (ungebeugte) Verbformen — 128
  - Imperativ — 130
  - Zeitformen (Tempusformen) — 131
  - Aktiv- und Passivformen — 134
- Präpositionen (Verhältniswörter) — 137
- Substantive / Nomen — 139
- Pronomen (Fürwörter) — 141
- Adjektive (Eigenschaftswörter) — 143
- Numeralien (Zahlwörter) — 144
- Adverbien (Umstandswörter) — 144
- Konjunktionen (Bindewörter) — 146

Wortbedeutung — LB 2 — 147
- Wortfelder — 147
- Über- und Unterordnung — 148

Wortbildung — LB 2 — 150
- Zusammensetzungen — 150
- Ableitungen — 152
- Wortfamilien — 154

Richtig schreiben

Aus Fehlern lernen _____ LB 1, 2 _____ 155

Häufig vorkommende Wortstämme richtig schreiben _____ LB 2 _____ 157
   Wörter mit Doppelkonsonanten _____ 157
   Wörter mit *h* oder ohne *h* im Wortstamm _____ 160
   Wörter mit *s*, *ß* und *ss* im Wortstamm _____ 162
      Wörter mit *s* im Wortstamm _____ 163
      Wörter mit *ß* im Wortstamm _____ 163
      Wörter mit *ss* im Wortstamm _____ 164
      das oder *dass*? _____ 166
   Wörter mit *b*, *d*, *g* und *p*, *t*, *k* _____ 167
   Wörter mit schwierigen Buchstabenverbindungen _____ 168
   Wörter mit ähnlich oder gleich klingenden Vokalen _____ 169

Groß- und Kleinschreibung _____ LB 2 _____ 170
   Großschreibung der Substantive _____ 170
   Substantivierte Verben und Adjektive _____ 171
   Schreibung der Anredepronomen _____ 173

Arbeitstechniken nutzen _____ LB 1, 2 _____ 174
   Richtig abschreiben _____ 174
   Mit schwierigen Wörtern (Fehlerwörtern) umgehen _____ 175
   Mit Rechtschreibung spielen und experimentieren _____ 176

Anhang

Wichtige grammatische Bezeichnungen _____ 178
Was finde ich wo? _____ 180
Sachwortverzeichnis _____ 181
Quellenverzeichnis _____ 183

 Arbeitet zu zweit.

 Arbeitet in Gruppen.

 Lies dort nach.

 Nützlicher Tipp

 Hier kannst du den Computer einsetzen.

❷ Mit diesem Zeichen sind die in diesem Lehrwerk abgedruckten Internet-Adressen kenntlich gemacht.

LB   Lernbereich
WP   Wahlpflicht

Was weiß ich noch aus Klasse 5?

1 a Lies den folgenden Text.

Bevor neue Blätter und Zettel zum Beispiel aus alten Pappplakaten und Werbeprospekten entstehen, müssen die allerdings erst einmal sortiert, gereinigt, zerkleinert oder sogar durch chemische Zusätze entfärbt werden. Erst dann kann die Herstellung neuen Papiers beginnen. In den Pulpern – einer Art riesiger Mixer – zerkochen die alten Schnipsel mit viel Wasser zu einem feinen Faserbrei: der Pulpe. 99 Prozent beträgt der Wasseranteil, wenn die Pulpe zur Papiermaschine gepumpt wird. In diesem Apparat, lang wie ein U-Bahn-Zug, wird der Brei auf Siebe verteilt, zu Bahnen gepresst und schließlich getrocknet und geglättet – fertig ist das frische Papier. Und das kann wiederverwendet werden. Leider ist das nicht so einfach. Denn jedes Mal, wenn Altpapier „eingekocht" wird, verkürzen sich dessen Fasern. Und je kürzer die sind, desto schlechter wird das Papier, das man daraus herstellt: Es reißt leicht und lässt sich nur schwer bedrucken. Rund fünfmal kann Altpapier aufbereitet werden, dann müssen frische Fasern her. Woher? Aus dem Wald!

b Gib dem Text eine passende Überschrift.

c Was muss mit dem Altpapier zuerst geschehen, bevor die Herstellung des neuen Papiers beginnen kann? Notiere die Ziffern der richtigen Antworten.

(1) Es muss zerkleinert werden.
(2) Es muss sortiert werden.
(3) Es muss bedruckt werden.
(4) Es muss gereinigt werden.
(5) Es muss gepresst werden.
(6) Es muss mit chemischen Zusätzen entfärbt werden.

Papiermaschine

d Suche aus dem Text die Erklärung des Begriffs *Pulpe* heraus.

2 Es ist für unsere Umwelt sehr wichtig, Altpapier mehrfach zu verwenden, da der Rohstoff Holz sehr wertvoll ist.
Erkläre in einigen Sätzen, wofür wir in unserem täglichen Leben Papier benötigen.

3 Ihr bereitet in eurer Klasse den Besuch einer Papierfabrik vor. Dort könnt ihr einen Fachmann zur Papierherstellung befragen. Stellt in der Gruppe Fragen zusammen.

4 Übertrage die Tabelle in dein Heft und ergänze die Satzglieder des folgenden Satzes.

Der Meister erklärte unserer Klasse die neue Papiermaschine.

Subjekt	Prädikat	Dativobjekt	Akkusativobjekt
...	...	...	...

5 Gib den folgenden Gesprächsausschnitt wieder.
Schreibe Sätze mit direkter Rede auf.
Stelle den Begleitsatz sowohl vor als auch hinter die
direkte Rede. Setze treffende Verben ein.

Pulper

RITA   Wie viel Wasser ist in der Pulpe?
MEISTER   99 Prozent.
OLAF   Daraus kann doch nie Papier werden!

6 Zwischen den folgenden beiden Sätzen besteht ein inhaltlicher Zusammenhang.
Drücke ihn aus, indem du einen zusammengesetzten Satz bildest und dabei eine
Konjunktion einfügst. Wie nennt man die beiden Teilsätze?

Beim Einkochen werden die Fasern kürzer. Das Papier reißt leicht.

7 In welchem Fall (Kasus) stehen die unterstrichenen Substantive?
Nutze die Frageprobe.

In diesem Apparat wird der Brei auf Siebe verteilt, gepresst, getrocknet und
geglättet – fertig ist das frische Papier.

8 Bilde eine Wortfamilie zu dem Wort „Wasser". Suche so viele Wörter wie möglich.
Ordne sie nach Zusammensetzungen und Ableitungen.

9 Schreibe die folgenden Wörter mit kurzem Stammvokal richtig.
Welche beiden Regeln musst du hier anwenden?

viel Wa(s/ss)er, dieses Bla(t/tt), a(l/ll)te Pa(p/pp)e, aus dem Wa(l/ll)d,
he(l/ll)e Wo(l/ll)ken

10 Wie werden die folgenden Wörter richtig geschrieben?
Welche Probe hilft dir dabei?

Bl(e/ä)tter, gl(e/ä)tten, (e/ä)lter, f(e/ä)rben

11 Warum musst du die Wörter „Papier" und „Herstellung" großschreiben?
Was hilft dir dabei, die Wortart zu erkennen?

Zuhören – Sprechen – Schreiben

Miteinander sprechen – sich verständigen

Diskussionen führen – Stellung beziehen

1

a Schaut euch die Bilder genau an. Was könnten die Kinder jeweils antworten?

b Vielleicht habt ihr schon selbst solche und ähnliche Situationen mit Erwachsenen erlebt. Tauscht eure Erfahrungen aus, die ihr in Gesprächen mit Erwachsenen gemacht habt.

c Notiert, was ihr euch für Gespräche mit Erwachsenen wünscht. Einigt euch auf höchstens zwei eurer Wünsche und schreibt diese mit großer Schrift auf einen Zettel. Heftet den Zettel an die Tafel.

d Schaut euch nun alle eure Notizen an. Welche Wünsche sind euch am wichtigsten? Denkt gemeinsam darüber nach, wie sie erfüllt werden könnten.

2 a Tragt die folgenden Gesprächsausschnitte mit verteilten Rollen vor.

Beim Frühstück

SARA   Ich möchte nicht schon wieder Milch!
MUTTER Aber du weißt doch, wie gesund …
SARA   Das ist mir egal. Ich muss jetzt los, sonst kriege ich die Straßenbahn nicht!
MUTTER Hast du wenigstens dein Frühstück eingepackt?
SARA   Das will ich nicht; ich kauf mir lieber was. Tschüs.
MUTTER Du hast wohl zu viel Taschengeld?! Dann wird's wohl Zeit, dass ich dir das kürze.

Diskussionen führen – Stellung beziehen

In der Straßenbahn

FAHRGAST Komm und steh mal auf! Du hast noch junge Beine.
SARA Das könnten Sie ruhig etwas höflicher sagen.
FAHRGAST Nun werd bloß nicht noch frech, du junges Ding. Es ist schon schlimm genug, dass du nicht von allein aufstehst!
SARA Es sind ja auch noch andere Plätze frei. Warum setzen Sie sich denn nicht da hin?
FAHRGAST Jetzt reicht's! Ich sage dem Fahrer, dass er dich an die Luft setzen soll!

Im Klassenzimmer

LEHRERIN Guten Morgen, Sara! Du bist aber heute spät dran.
SARA Guten Morgen, Frau Müller. Entschuldigen Sie bitte, ich hatte Probleme auf dem Schulweg.
LEHRERIN Was heißt das genauer?
SARA Das ..., das möchte ich nicht sagen.
LEHRERIN Dann brauchst du dich aber auch nicht zu wundern, wenn ich dein Zuspätkommen deinen Eltern mitteile. Ich hoffe nur, dass das nicht noch mal passiert!

b Beurteilt diese Gespräche und begründet eure Meinung. Vergleicht eure Antworten mit den Ergebnissen der Aufgabe 1 auf S. 8.

c Schreibt die Gespräche um. Gestaltet sie dabei so, dass die Begegnungen zwischen Sara und dem jeweiligen Erwachsenen glücklicher verlaufen. Tragt eure Gespräche anschließend mit verteilten Rollen vor.

3 a Der Erfolg von Gesprächen ist auch davon abhängig, ob man Gesprächsregeln einhält. Erinnert ihr euch noch an die wichtigsten? Tragt sie an der Tafel zusammen.

b Erstellt gemeinsam eine „Hitliste", indem ihr die Gesprächsregeln nach ihrer Wichtigkeit ordnet. Schreibt diese Liste anschließend auf ein großes Blatt und hängt es, für alle gut sichtbar, im Klassenzimmer auf.

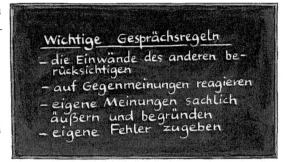

Wichtige Gesprächsregeln
- die Einwände des anderen berücksichtigen
- auf Gegenmeinungen reagieren
- eigene Meinungen sachlich äußern und begründen
- eigene Fehler zugeben

Miteinander sprechen – sich verständigen

4 a An der Frage „Muss ein Kind einem Erwachsenen im Bus, im Zug oder in der Straßenbahn immer Platz machen?" entzündet sich in der 6 a ein Streitgespräch. Lest den Text mit verteilten Rollen.

TOM Man muss grundsätzlich aufstehen, wenn ein Erwachsener einen Sitzplatz sucht.
VERA Wo steht denn das geschrieben? Es gibt kein Gesetz, das so etwas vorschreibt.
TOM Das ist eine Frage des Anstands. Das weiß man eben.
SVEN Erzähl nicht solchen Quatsch! Wenn ich völlig fertig vom Training nach Hause komme und mich kaum noch auf den Beinen halten kann, dann stehe ich doch in der Straßenbahn nicht auf, bloß weil da einer kommt, der den ganzen Tag im Büro gesessen hat!
TINA Es gibt aber auch Erwachsene, die den ganzen Tag über auf den Beinen sind. Mein Vater ist Verkäufer und …
SVEN O nein, jetzt fang bloß nicht mit deinem Vater an! Um den geht 's hier überhaupt nicht!
VERA Außerdem holt deine Mutter deinen Vater oft genug mit dem Auto vom Geschäft ab!
TOM Trotzdem finde ich, dass ihr Unsinn redet.
TINA Wieso ich denn?
SVEN Hör auf, du ganz besonders.

b Warum läuft dieses Gespräch schief? Nenne Beispiele aus dem Text.
Gegen welche Gesprächsregeln wird verstoßen?

c Schreibe das Gespräch weiter. Lass es in einem Kompromiss enden, d.h., gestalte es so, dass Sven und Vera akzeptieren, dass es in bestimmten Situationen richtig sein kann, für andere aufzustehen. Beachte dabei die Gesprächsregeln.

5 Ihr wisst: Einander zuhören ist eine wichtige Voraussetzung dafür, dass man nicht aneinander vorbeiredet.

a Übt das in einem Echogespräch zum Thema „Muss ein Kind in öffentlichen Verkehrsmitteln einem Erwachsenen immer Platz machen?".

Erinnert ihr euch noch, wie ihr dabei vorgehen müsst?
Bevor die eigene Meinung gesagt werden darf, muss die Meinung des Vorredners mitsamt ihrer Begründung wiederholt werden.

Diskussionen führen – Stellung beziehen

b Übt das genaue Zuhören, indem ihr noch ein weiteres Echogespräch zu einem Thema eurer Wahl oder zu einem der folgenden Themen führt:
- *In der Schule sollte keine Markenkleidung getragen werden dürfen.*
- *Schüler sollten ihren Klassenraum selbst sauber machen.*

> Für jedes Gespräch gilt: Genaues **Zuhören** ist sehr wichtig, um nicht aneinander vorbeizureden.

6 Sara, die sich seit langem einen Hund wünscht, überlegt sich, wie sie ihre Eltern überzeugen könnte. Folgende Begründungen fallen ihr ein:
– Ich finde Hunde süß und spiele so gern mit ihnen.
– Hunde haben so treue Augen.
– Meine Freundin Susanne hat schon lange einen Hund.
– Ein Hund beschützt mich.

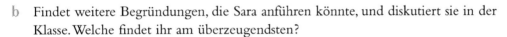

a Beurteile Saras Begründungen.

b Findet weitere Begründungen, die Sara anführen könnte, und diskutiert sie in der Klasse. Welche findet ihr am überzeugendsten?

7 Saras Eltern verstehen zwar den Wunsch ihrer Tochter, haben jedoch Zweifel, ob sie ihre Verantwortung erkennt.
Schreibe die Einwände von Saras Eltern ab und ergänze, was Sara antworten könnte. Beachte dabei, dass sie in ihren Antworten genau auf die Bedenken der Eltern eingehen sollte.

 Es geht nicht um das Überreden, sondern um das Überzeugen der Gesprächspartner!

VATER   Ein Hund ist doch kein Spielzeug. Um das Meerschweinchen hast du dich auch nur am Anfang gekümmert.
SARA   (…)
MUTTER Wir wohnen in einem Mehrfamilienhaus und haben eine kleine Wohnung.
SARA   (…)
VATER   Für mich spielt keine Rolle, dass deine Freundin einen Hund hat.
SARA   (…)
MUTTER Ein Hund muss richtig erzogen werden. Das ist nicht so einfach.
SARA   (…)
VATER   Was machst du mit dem Hund, wenn wir verreisen?
SARA   (…)

Miteinander sprechen – sich verständigen

8 Sara bekommt schließlich die Zustimmung der Eltern. Nun braucht sie nur noch die Einwilligung der Nachbarn, die ebenfalls große Vorbehalte gegen Hunde haben. Nach dem Abendessen klingelt sie bei Müllers.

Wie könnte das Gespräch zwischen Sara und den Nachbarn ablaufen?
Gestaltet es so, dass Sara auch Herrn und Frau Müller überzeugen kann.

9 Der folgende Bogen kann euch helfen, euer Verhalten in Diskussionen noch besser kennen zu lernen. Ihr könnt feststellen, wann ihr euch in der Diskussion richtig verhaltet und wann ihr noch Fehler macht. Welche Punkte würdet ihr noch ergänzen?

BEOBACHTUNGSBOGEN

Je weiter links dein Kreuz steht, umso besser wurden die Gesprächsregeln beachtet; je weiter rechts dein Kreuz steht, desto weniger.

Die Gesprächsregeln werden eingehalten +				– werden weniger eingehalten
1. beteiligt sich rege				beteiligt sich kaum
2. bleibt beim Thema				schweift vom Thema ab
3. hört aufmerksam zu				hört überhaupt nicht zu
4. geht auf andere ein				geht auf die anderen nicht ein
5. blickt Mitschüler an				blickt die Mitschüler nicht an
6. spricht freundlich				spricht aggressiv
7. lässt andere ausreden				fällt anderen ins Wort
8. redet überzeugend				führt keine Gründe an
9. bringt das Gespräch voran				wiederholt nur, was andere schon gesagt haben

Diskussionen führen – Stellung beziehen   13

10 Den Beobachtungsbogen aus Aufgabe 9 kann man sehr gut in einem so genannten Fishbowl-Gespräch einsetzen. Wie Fische in einem Aquarium werden mehrere Schülerinnen und Schüler während einer Diskussion „von außen" beobachtet. Die Zuschauer haben die Aufgabe, mithilfe des Beobachtungsbogens das Gesprächsverhalten der Gruppe zu beurteilen.

Wie ihr ein Fishbowl-Gespräch durchführen könnt

1. Vorbereitung
   Stellt eine Gesprächsgruppe von etwa fünf Teilnehmern zusammen.
   Diese Gruppe setzt sich in einen Kreis vor die Klasse.
   Die anderen sind die Beobachter. Sie bilden ebenfalls Gruppen
   und wählen je Gruppe einen Gesprächsteilnehmer aus,
   den sie während der Diskussion beobachten wollen.

2. Durchführung
   Die Gesprächsgruppe hat ca. zehn Minuten Zeit für ihre Diskussion.
   Die Mitglieder der Beobachtungsgruppe hören und sehen genau zu
   und füllen den Beobachtungsbogen (Kopie) aus.

3. Auswertung
   Nach der Diskussion wertet jede Beobachtungsgruppe ihre Ergebnisse aus.
   Sie einigen sich darauf, welche Tipps sie dem von ihnen beobachteten
   Gesprächsteilnehmer geben wollen.
   Auch die Gesprächsteilnehmer können und sollen sich zu ihren Eindrücken und Gefühlen während der Diskussion äußern.

 Seid fair zueinander. Denkt an die Gesprächsregeln auf S. 9.

---

a Wählt für euer Fishbowl-Gespräch eines dieser beiden Themen aus:
  * *Freundinnen / Freunde müssen einander alles verzeihen.*
  * *Alle Kinder eines Jahrgangs sollten das gleiche Taschengeld bekommen.*

b Ihr könnt weitere Fishbowl-Gespräche zu selbst festgelegten Themen durchführen.
  Im Laufe des Schuljahrs sollte jeder einmal „beobachtet" werden.

Miteinander sprechen – sich verständigen

11 In einer Schülerzeitung ist zum Thema „Zu viel Fernsehen?" folgende Stellungnahme eines Schülers zu lesen:

> **Sehen wir zu viel fern?**
>
> Meiner Meinung nach sehen wir nicht zu viel fern. Fernsehen ist das beste Mittel, um Langeweile zu vertreiben. Ich sehe bei jeder Gelegenheit fern, auch bei den Hausaufgaben. Da merke ich den Stress nicht so und die Zeit vergeht wie im Flug. Dabei ist es mir ziemlich egal, was da läuft.

a Tauscht euch über diese Stellungnahme aus. Überzeugt euch die Meinung des Schreibers?

b In der Pause unterhalten sich Marko, Tanja, Simon und Maja aus der 6a.

MARKO Habt ihr das gelesen? Der ist ja süchtig nach Fernsehen. Meine Eltern würden mir das nie erlauben.
SIMON Ach, ich glaube, dass der gar nicht richtig fernsieht. Der hat die Glotze doch einfach immer an, um irgendwas im Hintergrund zu hören.
TANJA Ich habe gar keine Lust, den ganzen Tag in der Bude zu hocken. Lieber mach ich draußen Sport.
SIMON Man muss ja nicht gleich den ganzen Tag glotzen. Manchmal kommt ja auch was sehr Interessantes. Da kann man eine Menge lernen.

Welche Meinung vertreten Simon und Tanja zum Thema „Zu viel Fernsehen?"? Welche Begründungen führen sie an?

> In einer **Stellungnahme** geht es darum, deine Meinung zu einem Thema oder Problem zu äußern. Dabei ist es sehr wichtig, **gute Begründungen** für deine Meinung anführen zu können, um deinen Diskussionspartner von ihrer Richtigkeit zu überzeugen.

12a Sammelt Gründe für (pro) und gegen (kontra) das Fernsehen und notiert sie. Tragt anschließend gemeinsam die wichtigsten Gründe an der Tafel zusammen.

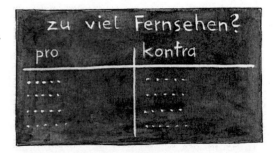

Diskussionen führen – Stellung beziehen

> **Wie du beim Schreiben einer Stellungnahme vorgehen kannst**
>
> 1. Mach dir klar, welche Meinung du zu dem Thema hast.
> 2. Beginne deine Stellungnahme mit einem Satz, der deine grundsätzliche Einstellung zu dem Thema deutlich ausdrückt.
> 3. Führe dann deine Begründungen an.

b Nehmt schriftlich Stellung zu diesem Thema.

c Tragt euch die Stellungnahmen gegenseitig vor und beurteilt ihre Überzeugungskraft.

13 a Wie würdest du ausdrücken, dass du gleicher bzw. anderer Meinung bist als dein Vorredner?

b Lies noch einmal die Diskussion zwischen Tom, Vera, Sven und Tina auf S. 10. Welche Sätze hemmen das Gespräch?

> Du kannst in einer Diskussion auch **Einwände** formulieren oder **Veränderungsvorschläge** machen.
>
> **Einwände**
> kannst du so formulieren:
> *Das stimmt zwar im Großen und Ganzen, aber es fehlt etwas.*
> *Dagegen ist Folgendes einzuwenden.*
> *Du hast etwas nicht bedacht.*
>
> **Veränderungsvorschläge**
> kannst du ankündigen mit:
> *Ich würde das Problem anders lösen.*
> *Ich schlage einen anderen Weg vor.*
> *Das erreichen wir aber nur, wenn wir …*
>
> Wichtig ist, dass keine Formulierungen verwendet werden, die ein Gespräch eher hemmen als weiterbringen. Solche „Gesprächshemmer" solltest du vermeiden.

14 Nenne weitere Formulierungen, mit denen du einen Einwand oder einen Veränderungsvorschlag ankündigen kannst.

15 a Nimm schriftlich zu einer der folgenden Behauptungen Stellung.
- *Mädchen und Jungen sollten in getrennten Klassen unterrichtet werden.*
- *Kickboards sollten auf dem Gehweg verboten werden.*
- *Handys sind eigentlich überflüssig.*

b Stimmt ab, über welches der drei Themen ihr in der Klasse sprechen wollt. Bestimmt zwei oder drei, die darauf achten, dass ihr die Gesprächsregeln einhaltet.

Miteinander sprechen – sich verständigen

 Wir gestalten eine Wandzeitung

Sicher gibt es auch in eurer Klasse viele unterschiedliche Meinungen zum Thema Fernsehen. Wie wäre es, wenn ihr zu diesem Thema ein Projekt durchführtet? Ihr könntet z. B. untersuchen, wie die Schülerinnen und Schüler eurer Schule zum Fernsehen stehen, und eure Ergebnisse in einer Wandzeitung veröffentlichen.

1. **Projektidee und Ziel**

    Folgende Fragen könntet ihr dabei z. B. untersuchen:
    (1) Welche Rolle spielt das Fernsehen in unserer Freizeit?
    (2) Welche Sendungen werden am meisten gesehen?
    (3) Zu welchen Tageszeiten wird ferngesehen?
    (4) Wie viel Zeit verbringen wir vor dem Fernseher?
    (5) Mit wem sehe ich fern?
    (6) Welchen Nutzen hat das Fernsehen für mich?

    Fallen euch noch weitere Fragen ein?

2. **Projektplanung und Projektdurchführung**
    Beratet gemeinsam, welche Aufgaben es zu verteilen gibt, und notiert an der Tafel, wer was bis wann zu erledigen hat.

Was?	Wer?	Bis wann?
Fragebogen entwerfen	Lara, Sven, Marlen	13. Nov.
Vervielfältigung	Michael	....
Interviews führen	alle	....
Auswertung der Bögen		

Folgende Teilschritte solltet ihr einhalten:

- Das Entwerfen eines Fragebogens, der sich gut auswerten lässt, ist eine ziemlich schwierige Aufgabe. Wie gefällt euch der folgende Entwurf?

Projekt: Wir gestalten eine Wandzeitung

Fragebogen zum Thema Fernsehen

☐ Junge ☐ Mädchen

Wie alt bist du? _____

Wie viele Stunden pro Tag siehst du fern?

☐ 1-2 ☐ 3-5 ☐ 6-8 ☐ mehr als 9

Zu welchen Tageszeiten?

☐ vormittags ☐ nachmittags ☐ abends ☐ nachts

Welche Art von Sendungen siehst du am liebsten?

☐ Spielfilme ☐ Dokumentarfilme ☐ Soaps / Serien
☐ Talkshows ☐ Zeichentrickfilme ☐ Gameshows
☐ Nachrichten ☐ Video / Musikclips ☐ Werbespots

Sonstiges: _____

Warum siehst du diese Art von Sendungen am liebsten?
_____
_____
_____

Mit wem siehst du fern? ☐ allein ☐ mit Eltern
☐ mit Geschwistern ☐ mit Freunden

Mit wem sprichst du über die Sendungen?
☐ mit niemandem ☐ mit Geschwistern
☐ mit Eltern ☐ mit Freunden ☐ mit Lehrern

- Gestaltet nun selbst einen Fragebogen.

  (1) Teilt euch in mehrere Gruppen. Bestimmt, welche Gruppe welche Klasse befragt, und führt die Interviews durch.

  (2) Arbeitet in verschiedenen Gruppen weiter:
  Gruppe 1 wertet die Befragungsergebnisse aus.
  Gruppe 2 überlegt sich, wie die Ergebnisse präsentiert werden können. Ihr könnt z. B. die Antworten zu einzelnen Fragen auch mit Diagrammen veranschaulichen. Fragt eure Mathematiklehrerin / euren Mathematiklehrer.
  Gruppe 3 schreibt eine Stellungnahme zu den Befragungsergebnissen. Dabei kann sie z. B. folgende Fragen nutzen:
  – Welche Ergebnisse haben unsere Erwartungen bestätigt?
  – Was haben wir nicht erwartet?
  Gruppe 4 sammelt Bilder und Illustrationen zum Thema.
  Gruppe 5 überlegt sich einen passenden Titel für die Wandzeitung und erarbeitet einen Vorschlag für die Gestaltung.

3. **Projektpräsentation**
   Hängt die Wandzeitung gut sichtbar in der Schule aus.

4. **Projektauswertung**
   Sprecht zum Abschluss darüber, wie das Projekt gelaufen ist.

Sich im Spiel ausdrücken

Rollenspiele

1 Es ist gar nicht so leicht, sich gut zu verstehen, Streit zu vermeiden oder ein Anliegen überzeugend vorzubringen. Im Rollenspiel könnt ihr üben, wie man schwierige Alltagssituationen meistert.

Welche Erfahrungen habt ihr damit bereits gemacht? Tauscht euch darüber aus.

> Bei einem **Rollenspiel** schlüpfst du vor Zuschauern in die Rolle einer anderen Person. Du tust so, als wärest du diese Person, und versuchst nachzuahmen, wie sich die Person in bestimmten Situationen – z.B. in einem Gespräch – verhalten würde. **Wichtig:** Du spielst nicht dich selbst!

2 a Bildet Gruppen. Entscheidet euch für eine der folgenden Situationen. Probiert dann in einem Rollenspiel, wie ihr das jeweilige Problem lösen würdet.

Saschas Zimmer ist seit Tagen nicht aufgeräumt. Seine Mutter hat ihn schon mehrmals ermahnt. Nun wäre eigentlich Zeit aufzuräumen, doch Sascha möchte unbedingt mit einem Freund ins Kino gehen. Er fragt vorsichtig an, doch seine Mutter reagiert sofort heftig: „Kommt nicht in Frage, Sascha, du bleibst hier und machst endlich Ordnung!"

Ulrikes Freundin Suse hat ein neues Computerspiel, will aber Ulrike nicht damit spielen lassen. Nach einer Weile schaut Suses älterer Bruder ins Zimmer, weil er den Streit zwischen den beiden gehört hat.
Er versucht zu schlichten …

Maik hat aus Versehen beim Bezahlen an der Kasse eines Kaufhauses eine CD im Einkaufskorb liegen lassen. Der Kaufhausdetektiv klopft Maik von hinten auf die Schulter und sagt nicht gerade freundlich: „Komm mal bitte mit in mein Büro."

Christiane trifft ihre Freundin Sabine in der Straßenbahn. Christiane hat ein schlechtes Gewissen, weil sie Sabine bei der letzten Klassenarbeit nicht hat abschreiben lassen. Sabine bekam eine 5. Christiane spricht sie zaghaft an.

Alex will bis 21 Uhr auf der Party seines Freundes bleiben, denn Gesine, in die er sich unsterblich verliebt hat, wird erst um 20 Uhr kommen. Seine Eltern aber bestehen darauf, dass er spätestens um 20 Uhr zu Hause ist.
Alex versucht verzweifelt, seine Eltern zu überzeugen.

b Geht in den Gruppen folgendermaßen vor:
   1. Entscheidet gemeinsam, wer welche Rolle spielen soll.
   2. Jeder in der Gruppe hat einige Minuten Zeit, in seine Rolle zu schlüpfen und sich zu überlegen, wie er sein Anliegen durchsetzen kann.
   3. Spielt die Situation kurz durch. Besprecht, was ihr noch verbessern könnt.

c Spielt die Situationen vor der Klasse. Sprecht anschließend in der Klasse über eure Erfahrungen.
   – Habt ihr euch in die Rollen hineinversetzen können?
   – Warum habt ihr euch durchsetzen bzw. nicht durchsetzen können?

d Diskutiert, wer in seiner Rolle überzeugend gewirkt hat und wer sein Spiel noch verbessern kann.

e Spielt die Szenen noch ein weiteres Mal. Tauscht diesmal innerhalb der Gruppen eure Rollen. Sprecht darüber, wie der Rollentausch verlaufen ist.
   – Habt ihr euch in der neuen Rolle besser gefühlt?
   – Habt ihr euch eher durchsetzen können? Warum? Warum nicht?

Schauspielern wie die Profis

Sicher habt ihr gemerkt: Auch Schauspielern will gelernt sein.
Auf den nächsten Seiten findet ihr weitere Übungen und Tipps.

> Du weißt, wenn du eine Person nachahmen willst, kannst du ihre Gedanken und Gefühle mit Worten ausdrücken, du kannst aber auch deinen Körper sprechen lassen. **Mimik**, **Gestik** und **Körperhaltung** sind wichtige Ausdrucksmittel.

1 a Betrachte die Personen, die hier miteinander reden, genau. Was erfährst du aus dem Bild über die einzelnen Gesprächsteilnehmer?

b Ordne die folgenden Sätze den einzelnen Personen zu.
Wie begründest du deine Zuordnung?

① *Hoffentlich spricht mich jetzt niemand an.*
② *Ich finde, dass ihr beide Recht habt.*
③ *Jetzt lasst mich doch endlich mal zu Wort kommen.*
④ *Hoffentlich kann ich bald gehen.*
⑤ *Ich weiß schon, was du sagen willst! Lass es!*

2 a Man kann auch ohne Worte sprechen. Versucht, Menschen in einer bestimmten Situation nur mithilfe von Gestik, Mimik und Körperhaltung darzustellen. Lasst die anderen raten, was ihr ausdrücken wollt, z.B.:
– Angst und Ekel vor einer Spinne haben,
– voller Spannung ein Geschenk auspacken,
– einen schweren Koffer schleppen.

b Ihr könnt auch versuchen, einen bestimmten Typ zu spielen, z.B. einen Soldaten, einen Streber, ein Model, einen strengen Lehrer.
Überlegt, wie sich diese Menschen bewegen, wie sie z.B. gehen.

Sich im Spiel ausdrücken

3 Probiert, Empfindungen nur mithilfe von Mimik auszudrücken, z. B. Freude, Enttäuschung, Stolz. Lasst eure Tischnachbarin / euren Tischnachbarn raten, was ihr ausdrücken wollt. Macht euch gegenseitig Verbesserungsvorschläge.

 Versteckt euer Gesicht zunächst hinter einer Pappe. Nehmt erst dann die Pappe herunter, wenn ihr euer Gesicht „aufgesetzt" habt.

4 Ohne Worte zu spielen ist schwer, weil ihr eure Mimik und Gestik besonders genau kontrollieren müsst. Eine gute Übung dafür ist die Standbilddarstellung.

> Ein **Standbild** ist so etwas wie eine Fotografie mit lebenden Figuren. Du stellst ein solches Bild her, indem du deine Bewegungen „einfrierst". Haltung und Gesichtsausdruck bleiben dabei so, als wärst du zu einem Eisblock geworden.

Versucht, Figuren in bestimmten Situationen in einem Standbild darzustellen, und geht dabei folgendermaßen vor:

1. Bildet Gruppen. Jede Gruppe sucht sich eine der folgenden Situationen aus, die sie darstellen will. Ihr könnt euch auch selbst eine Situation ausdenken und die anderen raten lassen.

   – beim Fußballspiel   – im Supermarkt   – auf dem Schulhof
   – in der Disko   – beim Zahnarzt   – im Zirkus

2. Überlegt, welche Figuren ihr benötigt und wer sie darstellen soll.

3. Bestimmt einen aus eurer Gruppe als Regisseur. Er schaut sich „von außen" die Szenen an und gibt Tipps zum Zusammenspiel, zu Mimik und Gestik. Wichtig: In Streitfällen hat er oder sie das letzte Wort.

5 Sicher habt ihr im Unterricht schon einmal Theater gespielt.

a Wie seid ihr dabei vorgegangen? Was musstet ihr beachten?

b Im Folgenden findet ihr einen kurzen Sketch, den ihr leicht einüben könnt. Lest dazu die Hinweise im Rahmen auf S. 23.

Hausaufgaben

Der Raum ist zweigeteilt. In der einen Hälfte sitzt ein Mann und liest Zeitung. In der anderen sitzt ein zweiter Mann und liest ein Buch.

JUNGE *(tritt von links auf und hat ein Heft und einen Füller in der Hand)* Du, Papa?

1. MANN *(lässt die Zeitung sinken)* Ja, was ist denn los, Jens?

JUNGE Ach, Papa, kannst du mir mal helfen, wir haben so blöde Hausaufgaben auf.

1. MANN Blöde Hausaufgaben?! Du wolltest wohl sagen, dass du in der Schule mal wieder nicht aufgepasst hast und jetzt nicht weißt, was du machen sollst.

JUNGE Nein, ich habe aufgepasst! Aber das sind wirklich ganz blöde Hausaufgaben.

1. MANN Na, dann zeig mal her, was musst du denn machen?

JUNGE Ach, wir sollen erklären, was „höflich" und „unhöflich" bedeutet.

1. MANN Aber das ist doch ganz einfach! Ich werde dir das erklären oder besser noch, ich mache dir das vor. Hol doch mal das Telefonbuch. *(Junge holt das Telefonbuch)* So, nun schlag irgendeine Seite im Telefonbuch auf.

JUNGE *(öffnet das Telefonbuch)* Hab ich.

1. MANN Jetzt nenn mir von dieser Seite eine beliebige Telefonnummer.

JUNGE Hier habe ich eine, 7 34 25.

1. MANN *(steht auf und geht zum Telefon)* So, jetzt pass auf. Am besten, du stellst dich so, dass du direkt mithören kannst. *(der Junge stellt sich so, dass er und sein Vater gemeinsam an der Hörmuschel lauschen können – der Vater wählt die Nummer und spricht dabei laut die Ziffern mit)* 7-3-4-2-5. So, und jetzt hör genau zu.

2. MANN *(steht auf und geht zum Telefon)* Ja bitte, hier Schulte.

1. MANN Ich hätte gern Ihren Sohn Klaus-Dieter gesprochen.

2. MANN Bitte?

1. MANN Ich hätte gern Ihren Sohn Klaus-Dieter gesprochen.
2. MANN Ich habe keinen Sohn, der Klaus-Dieter heißt. Sie müssen sich verwählt haben. *(legt den Hörer auf und setzt sich wieder)*
1. MANN *(legt den Hörer auf)* Siehst du, Jens, das war höflich. *(nimmt den Hörer und wählt erneut)* 7-3-4-2-5.
2. MANN *(steht auf und geht zum Telefon, nimmt den Hörer ab)* Schulte hier.
1. MANN Ich hätte gern Ihren Sohn Klaus-Dieter gesprochen.
2. MANN Ich habe keinen Sohn, der Klaus-Dieter heißt. Das habe ich Ihnen doch schon einmal erklärt! Sind Sie eigentlich dämlich, Sie Trottel? *(knallt den Hörer auf die Gabel und setzt sich wieder)*
1. MANN *(legt den Hörer auf)* Siehst du, Jens, das war unhöflich. Kennst du jetzt den Unterschied?
JUNGE Ja, aber jetzt werde ich dir mal zeigen, was stutzig macht.
1. MANN Was stutzig macht?
JUNGE Ja, was stutzig macht. *(hebt den Telefonhörer ab und wählt)* 7-3-4-2-5.
2. MANN *(geht zum Telefon und nimmt ärgerlich den Hörer ab)* Schulte.
JUNGE Hallo, Vati, hier ist Klaus-Dieter, hat jemand für mich angerufen?

Wie ihr beim Proben vorgehen könnt

1. Bildet Gruppen und verteilt die Rollen. Denkt daran, dass ihr auch einen Regisseur braucht und mindestens einen, der sich um die Gegenstände kümmert, die beim Spielen gebraucht werden (so genannte Requisiten).

2. Lernt eure Rollen auswendig. Lernt dabei immer den jeweiligen letzten Satz des Partners mit, damit ihr eure Einsätze genau kennt.

3. Probt danach gemeinsam. Versucht, euch in Gestik, Mimik und Betonung selbst zu verbessern. Beachtet die Regieanweisungen (das sind die Handlungsanweisungen, die in Klammern stehen).

4. Überlegt euch, welche Kleidung ihr tragen wollt und welche Gegenstände ihr für die Szene benötigt.

5. Bedenkt auch, wie Anfang und Ende eurer Szene aussehen könnten. Beide prägen sich bei den Zuschauern besonders gut ein.
   Ihr könnt mit Standbildern anfangen und aufhören. Achtet darauf, dass ihr möglichst nicht mit dem Rücken zum Publikum spielt und sprecht.

---

c Spielt das Stück mehrmals. Diskutiert, welche Gruppe besonders überzeugend gespielt hat. Begründet eure Meinung.

Miteinander sprechen – sich verständigen

 Wir gestalten einen Theaterabend

Wie wäre es, wenn eure Klasse einen Theaterabend vorbereitet?

1. **Projektidee**
   Eine erfolgreiche Aufführung beginnt mit der richtigen Stückauswahl. Am besten ist es, ihr führt einige kleinere Stücke auf, die ihr in Gruppen vorbereiten könnt. Auf der Suche nach geeigneten Texten könnt ihr euch in der Bibliothek beraten lassen. Bezieht auch eure Kunst- und Musiklehrer in die Vorbereitung der Aufführung ein.

2. **Projektplanung**
   Zur Vorbereitung eines Theaterabends gibt es viele Aufgaben zu verteilen.
   Ihr braucht:
   – Schauspieler
   – mehrere Regisseure (für jede Gruppe einen)
   – eine Souffleuse oder einen Souffleur (das ist jemand, der den Text leise vorsagt, wenn ein Schauspieler ihn vergessen hat)
   – Leute, die sich um die Kostüme, Requisiten und Musik kümmern
   – Leute, die sich um die Werbung kümmern

   Was fehlt?
   Ergänzt die Liste und stellt einen Plan auf, wer was bis wann zu erledigen hat.

3. **Projektdurchführung**

   • **Ideen für die Werbung**
   – Entwerft kleine Handzettel mit den wichtigsten Informationen.
   – Malt Plakate, die ihr in der Schule aushängt.
   – Bereitet einen Vorverkauf für die Karten vor.
   – Wollt ihr eure Familien einladen? Dann schreibt freundliche und interessante Einladungen.

   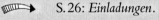 S. 26: *Einladungen*.

   • **Hinweise für die Proben**
   Spielt die Szenen auch mal einer anderen Gruppe vor. „Fremde" können oft besonders gut beobachten.

   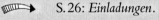 S. 23: *Wie ihr beim Proben vorgehen könnt*.

- **Vorbereitung des Aufführungsraums**
Die Bühne muss für den Zuschauer deutlich zu sehen sein. Ihr könnt sie z. B. mit Tüchern vom Zuschauerraum abtrennen. Außerdem sollte der Raum abgedunkelt und die Bühne beleuchtet werden.

> **Profi-Tipps fürs Schauspielern**
>
> **Der Mitspieler spricht?**
> Gutes Spielen beginnt beim Zuhören. Verfolgt das, was eure Mitspieler sagen, immer so aufmerksam, als würdet ihr es zum ersten Mal hören, denn ihr spielt auch ohne Worte.
>
> **Text vergessen?**
> Macht nichts! Lasst euch nichts anmerken, spielt kurz „ohne Worte" und überspringt einen Satz, bis ihr wieder weiterwisst.
>
> **Lachkrampf?**
> Kann jedem passieren! Vorsicht: Wenn ihr euch absichtlich zum Lachen ansteckt, wird es für die Zuschauer schnell langweilig.

4. Projektauswertung
Wie immer solltet ihr euch zum Abschluss zusammensetzen und euch darüber austauschen, wie das Theaterprojekt gelaufen ist. Ihr könnt dazu die Methode des „Blitzlichts" verwenden.

Bei einem „Blitzlicht" beantwortet jeder reihum folgende Fragen:
– Was war besonders gut?
– Was hat mir gar nicht gefallen?
– Was können wir beim nächsten Mal noch besser machen?

Während der Blitzlichtrunde sind Kommentare nicht erlaubt. Erst wenn alle ihre Meinung gesagt haben, kann eine Diskussion eröffnet werden.

Briefe und E-Mails schreiben

1   Wie ihr wisst, gibt es verschiedene Gelegenheiten, sich schriftlich an jemanden zu wenden. Obwohl das E-Mailen oder Telefonieren schnell und bequem ist, werden noch immer sehr viele Briefe auf dem Postweg verschickt. Nennt Gründe, warum wir darauf nicht verzichten.

2 a Lies die folgenden Einladungen. Worin unterscheiden sie sich?

Radeberg, 01. März 20…

Liebe Schülerinnen und Schüler,

demnächst gibt es in unserem Ort ein Kinder- und Jugendcafé. In zwei Räumen könnt ihr spielen, lesen, reden oder einfach nur Freunde treffen.
Wir halten verschiedene Brett- und Kartenspiele, Bücher, Zeitschriften und einen Billardtisch für euch bereit. Natürlich gibt es auch Getränke, Eis und kleine Knabbereien zu kaufen, und das alles für tolle Schülerpreise.
Ab 10. März ist unser Café Montag bis Freitag jeweils von 14.00 bis 20.00 Uhr geöffnet.

Wir freuen uns auf euch!

Euer Jugendcafé-Team

Hallo Freunde!
Hurra, ich habe Geburtstag, und zwar nächsten Freitag (15. Juni)!
Wie immer wird gleich nach dem Unterricht in unserem Garten gefeiert.
Wenn ihr Lust habt, kommt einfach vorbei!   Euer Markus

Einladung

Sehr geehrte Damen und Herren,

den nächsten Vortrag im Rahmen unserer Vortragsreihe „Unsere Pflanzen und Tiere" wird Herr Wolfgang Muntig, Revierförster in S., halten. Dazu laden wir Sie herzlich ein.
Die Veranstaltung findet am Donnerstag, dem 08.11.20…, 19.00 Uhr im Vortragsraum des Forsthauses statt.

Mit freundlichen Grüßen

Katja Schwab
Katja Schwab

Stollberg, 16.10.20…

b   Tragt gemeinsam zusammen, worauf man beim Schreiben von Karten und Briefen immer achten sollte.

➔ S. 173: *Schreibung der Anredepronomen.*

3 Die Klasse 6a plant für den nächsten Wandertag einen gemeinsamen Ausflug in die Umgebung. Am besten gefiel allen die Idee, einen Tag auf einem Reiterhof zu verbringen. Um Auskünfte einzuholen, haben sie den nebenstehenden Brief entworfen.

Lies diesen Brief und überlege, ob man ihn so abschicken könnte. Begründe deine Meinung.

> Reiterhof Reuthetal
> Mittlerer Weg 2
> 04838 Doberschütz
>
> Bitte um Besucherauskunft
>
> Sehr geehrte Damen und Herren,
>
> wir haben gehört, dass man bei Ihnen reiten und das Leben auf dem Hof kennen lernen kann. Da uns das sehr interessiert, möchten wir uns für einen Tag anmelden. Wir planen unseren Ausflug für den nächsten Monat. Bitte schreiben Sie uns, welches Programm Sie für diese Zeit anbieten, wie hoch der Preis dafür ist und ob wir kommen könnten.
>
> Mit freundlichen Grüßen
> i. A. *Susanne Baumann*
> Schülerinnen und Schüler der Klasse 6a
> Liselotte-Welskopf-Oberschule
> Hauptstr. 17, 04159 Leipzig

Inhalt und **Form** eines **Briefes** solltest du davon abhängig machen, wem du den Brief schreiben willst: **Private Briefe** kannst du persönlich gestalten. Bei **offiziellen Schreiben** solltest du kurz und sachlich formulieren und dich an bestimmte Regeln halten.

---

4 a Vergleiche den Aufbau des Briefes der Klasse 6a aus Aufgabe 3 mit diesem Muster. Hat die 6a die Anforderungen an die äußere Form eines offiziellen Briefes beachtet?

b Überarbeite den Brief der Klasse 6a. Orientiere dich an dem angegebenen Muster. Überlege auch, was die Schülerinnen und Schüler genauer schreiben müssten.

Absender · · · Ort, Datum
·
·
Anschrift / Empfänger
·
·
Betreffzeile
·
Anrede
·
Text
·
Grußformel
·
Unterschrift

> Die **Betreffzeile** soll dem Leser helfen, das Anliegen des Briefes schnell zu erfassen. Deshalb ist es wichtig, kurz und genau zu benennen, worum es in dem Schreiben geht.

5 Seht euch noch einmal die Betreffzeile im Brief der Klasse 6a auf S. 27 an. Diskutiert, welche der folgenden Formulierungen auch geeignet wären und welche nicht. Begründet eure Meinungen.

| Besucherauskunft | Anfrage zu Veranstaltungen auf dem Reiterhof |

| Anmeldung zum Reiten | Anmeldung der Klasse 6a |

| Informationen über den Reiterhof | Ausflug zum Reiterhof |

6 Schon kurze Zeit später bekommt die Klasse 6a eine Antwort:

Reiterhof Reuthetal Doberschütz, 14.09.20…
Mittlerer Weg 2
04838 Doberschütz
Tel./Fax: (01 73) 2 56 77 43; Reiterhof Reu@t-online.de

An die
6a der Liselotte-Welskopf-Oberschule
Hauptstr. 17
04159 Leipzig

Eure Anfrage zum Besuch unseres Reiterhofes

Liebe Schülerinnen und Schüler,

vielen Dank für euren Brief vom 10.09.20…
Wir freuen uns, dass ihr euch für unsere Veranstaltungen interessiert. Da sich aber für die Herbstferien schon jetzt sehr viele Besucher angemeldet haben, können wir größere Gruppen nur noch am 16. Oktober unterbringen. Bitte teilt uns recht bald mit, ob ihr an diesem Tag kommen wollt und wie viele Personen ihr seid.

Eure Fragen werden sicherlich in dem beiliegenden Prospekt beantwortet.

Mit freundlichen Grüßen

E. Heubach
Erika Heubach

 Beantworte Frau Heubachs Brief. Bedanke dich für die Auskunft und melde den Besuch an oder sage ihn ab. Du kannst den Brief auch mithilfe eines Computers schreiben.

Briefe und E-Mails schreiben 29

Offizielle Briefe an Institutionen, Firmen oder an Einzelpersonen können unterschiedliche Anliegen haben. Du kannst mithilfe solcher Briefe Auskünfte und Informationen erbitten, Anfragen und Anträge stellen oder auch Kritiken formulieren.

7 a Wähle eine der folgenden Situationen aus und entwirf einen Brief an den jeweiligen Zuständigen.

- Eure Klasse hat vor, ein Tischtennisturnier zu organisieren. Dazu müsst ihr beim Hallenwart die Nutzung der Sporthalle schriftlich beantragen.
- Das Mittagessen, das an eure Schule geliefert wird, hat sich in letzter Zeit ziemlich verschlechtert. Darüber wollt ihr euch bei der zuständigen Firma beklagen und eure Wünsche für ein abwechslungsreiches Mittagessen mitteilen.

b Stellt euch eure Briefe gegenseitig vor. Sprecht darüber, ob ihr sie für angemessen formuliert haltet.

8 a Hast du schon einmal eine E-Mail verschickt? Was ist anders beim Schreiben von E-Mails im Vergleich zum Schreiben von Briefen? Tauscht eure Erfahrungen aus.

b Seht euch die folgenden Mails an und prüft, ob alle Regeln des Briefeschreibens auch für die „Computerpost" gelten.

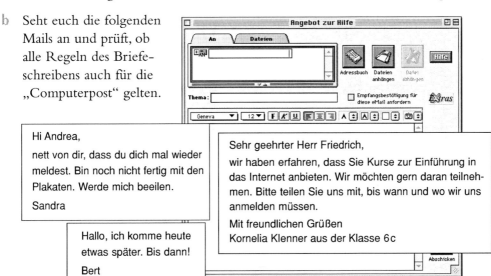

Hi Andrea,
nett von dir, dass du dich mal wieder meldest. Bin noch nicht fertig mit den Plakaten. Werde mich beeilen.
Sandra

Sehr geehrter Herr Friedrich,
wir haben erfahren, dass Sie Kurse zur Einführung in das Internet anbieten. Wir möchten gern daran teilnehmen. Bitte teilen Sie uns mit, bis wann und wo wir uns anmelden müssen.
Mit freundlichen Grüßen
Kornelia Klenner aus der Klasse 6c

Hallo, ich komme heute etwas später. Bis dann!
Bert

9 a Der Reiterhof Reuthetal ist auch per E-Mail zu erreichen. Wie lautet die Adresse?

b Melde deinen Besuch dort per E-Mail an und erfrage, ob es noch freie Termine im November gibt.

Erzählen

1

a   Sicher gibt es bestimmte Fernsehserien, die ihr gern seht. Erzählt doch einmal von einer besonders interessanten Geschichte aus eurer Lieblingsserie.

Einer fängt an zu erzählen. Die anderen hören gut zu. Wer die Serie ebenfalls kennt, kann die Erzählerin oder den Erzähler gegebenenfalls ergänzen oder korrigieren oder auch ablösen.
Bedenkt beim Erzählen folgende Punkte:
– Überlegt, welche Informationen aus vorhergehenden Folgen ihr mit einflechten müsst, damit auch der „Nicht-Experte" alles versteht.
– Worüber reden die Personen in eurer Geschichte? Welche Gespräche solltet ihr wörtlich wiedergeben, damit es richtig spannend wird?

Veranstaltet einen kleinen Wettbewerb. Gebt den Serienfiguren andere Namen. Könnt ihr die Geschichte so gut erzählen, dass man trotz der veränderten Namen die Serie errät?

b   Überlegt im Anschluss gemeinsam, wer euch als Erzählerin oder Erzähler besonders gut gefallen hat. Begründet eure Meinung.

2   Die Klasse 6b hat einige Tipps, wie man spannend erzählen kann, zusammengetragen. Ergänzt die Liste.

 S. 20:
Schauspielern wie die Profis.

> Tipps fürs Erzählen
> sich in die Figuren einfühlen
> genau und anschaulich beschreiben →
> Menschen, Orte, Gefühle, Gedanken
> Spannungshöhepunkte besonders beachten
> Mimik und Gestik einsetzen

Mündliches Erzählen

1 a Erzählt aus der Sicht der folgenden Gegenstände, wie es ihnen ergangen ist und was sie erlebt haben.
- ein alter Schlüssel
- ein Musikinstrument
- eine leere Brotdose
- eine wertvolle Uhr

Auch hier könnt ihr einen Erzählwettbewerb veranstalten und ihn in Gruppen vorbereiten. Geht in den Gruppen so vor:

1. Einigt euch in der Gruppe auf eine Geschichte, die ihr der Klasse erzählen wollt.
2. Bereitet euch auf diese Erzählung gut vor:
   - Was macht die Geschichte lustig / traurig / unheimlich usw.?
   - Gibt es eine unvorhergesehene Wendung, ein überraschendes Ereignis, über das man nicht zu zeitig erzählen darf, um der Geschichte nicht die Spannung zu nehmen?
   - In welchem Tonfall solltet ihr erzählen, damit ihr euer Publikum fesseln könnt (z. B. leise, fast flüsternd, wenn etwas ganz besonders Spannendes erzählt wird)?
3. Entscheidet, wer die Erzählerin oder der Erzähler eurer Gruppe sein soll.

b Hört euch die einzelnen Erzählungen sehr aufmerksam an.
Macht euch währenddessen Notizen zu folgenden Fragen:

(1) Wie wurden die Personen und Gegenstände beschrieben? Konnte ich sie mir gut vorstellen?
(2) Welche unwichtigen Dinge wurden gesagt, die man weglassen könnte?
(3) Wurde spannend erzählt? Wenn ja, mit welchen Mitteln wurde das erreicht?
(4) Wie wurden Mimik, Gestik und Körperhaltung eingesetzt?
(5) Wie wurde die Erzählung abgeschlossen?

Verteilt die einzelnen Fragen, damit sich nicht jeder auf alles konzentrieren muss.
Ihr könnt auch einen Beobachtungsbogen für das Erzählen entwerfen (siehe S. 12).

c Tauscht euch im Anschluss über eure Beobachtungen aus und einigt euch auf die beste Erzählung. Könnt ihr noch weitere Erzähltipps in die Liste von Aufgabe 2 auf S. 30 aufnehmen?

Schriftliches Erzählen

> Wenn du eine Geschichte aufschreiben willst, solltest du beachten, dass man Mimik, Gestik und Körpersprache sowie Lautstärke und Betonung beim **schriftlichen Erzählen** nicht mehr wahrnehmen kann. Es kommt also darauf an, nur **mithilfe von Worten** anschaulich und lebendig zu erzählen.

1 a Spannend zu erzählen ist gar nicht so einfach. Da kannst du dir bei den Profis, den Schriftstellern, so manches abgucken.
Lies die folgende Erzählung von Herbert Friedmann.

Der geheime Hund

„Menschen gibt es!" Isolde schüttelt angewidert den Kopf. Gleich wird sie Alfred und mir ein Beispiel über die Schlechtigkeit der Menschheit aus der Zeitung vorlesen. Das gehört bei uns zum Frühstück wie Alfreds Vier-Minuten-Ei und mein Schokohörnchen.

„Darf ich?", sagt Alfred mit krampfiger Höflichkeit. Er greift rasch nach dem Sportteil und versteckt sich dahinter. Ich muss mal wieder den Kopf hinhalten. Mutti guckt mich mit wichtiger Miene an und faltet die Zeitung in der Mitte. Bevor sie liest, trinkt sie noch einen Schluck Kaffee.

> Junger Hund im Schließfach eingesperrt! Ein kleiner Hund sorgte gestern Morgen im Hauptbahnhof für Aufregung. Er war eingeschlossen im Schließfach Nr. 13. Das verängstigte Tier schrie sich seine Hundeseele aus dem Leib und machte damit gegen 9 Uhr Elke Schmidt, Inhaberin des Zeitungsladens direkt neben den Schließfächern, auf sich aufmerksam. Frau Schmidt stutzte, ortete dann aber schnell den Ursprung des herzbewegenden Winselns. Der Hund wurde mit einem Generalschlüssel aus seinem Gefängnis befreit. Das arme Tier steckte in einer Nylontasche. Die Rabenmutter (oder der Rabenvater) hatte ein paar Hundekuchen beigefügt …

„Schlimm", sage ich mit einer Flüsterstimme.

„Wenn ich so einen herzlosen Tierquäler erwischte, würde ich ihn mindestens zwei Stunden in ein Schließfach sperren", meinte Isolde. „Ohne Hundekuchen!", fügt sie nach einer kurzen Pause hinzu. Das traue ich ihr glatt zu, auch wenn es sich bei der Rabenmutter um die eigene Tochter handelt. Sie und Vati sind natürlich Mustermenschen, die nie als schlechtes Beispiel in der Zeitung stehen.

Sie bremsen sogar für Tiere und haben ein Herz für Kinder, das klebt ganz nah am Auspuff. Wenn sie mir meinen Wunsch erfüllt hätten, wäre ich nie ein schlechtes Beispiel geworden.

„Du bist noch zu klein, Lisa", hieß es, als ich mir vor zwei Jahren einen Hund wünschte. An meinem zehnten Geburtstag haben sie die Nachbarn vorgeschoben, angeblich Hundefeinde.

Vorgestern ist es passiert. Auf dem Heimweg von der Schule ist mir ein kleiner Hund über den Weg gelaufen. Eine Handvoll Hund, höchstens drei Monate alt. Ich habe ihn mit nach Hause genommen und auf dem Dachboden versteckt. Zu fressen und zu trinken hat er natürlich reichlich gekriegt. Nach zwei, drei Tagen hätte ich ihn meinen Eltern vorgeführt, Ehrenwort. Und er hätte ihnen bestimmt gefallen! In der Nacht habe ich lange überlegt, ob ich ihn mit in die Schule nehmen oder ihn allein auf dem Boden lassen sollte. Unterwegs bin ich auf die Idee mit dem Schließfach gekommen …

„Und wo haben sie den Hund hingebracht?", frage ich. „Na, ins Tierheim", sagt Isolde. „Wenn er dir so Leid tut, dann könnten wir dort anrufen und …" Sie verzieht das Gesicht und ich weiß, dass ich sie nicht umstimmen kann. Glücklich bin ich nicht, aber die Geschichte hat ein Ende.

2 Wie ist die Erzählung (Aufgabe 1) aufgebaut? Nenne Einleitung, Hauptteil, Schluss.

3 a Du weißt, der Anfang einer Erzählung sollte das Interesse der Leser wecken. Was gefällt dir an der Einleitung der Erzählung bzw. was gefällt dir nicht?

b Überlegt, wie ihr den Anfang verändern könntet. Notiert eure Ideen und stellt sie vor. Welche gefallen euch besonders gut? Begründet eure Meinung.

4 a Die Geschichte „Der geheime Hund" ist lebendig und spannend erzählt. Überlege, durch welche gestalterischen Mittel der Schriftsteller das erreicht. Die folgenden Fragen helfen dir:

(1) In der Erzählung wird viel wörtliche Rede verwendet. Wie wirkt das auf dich?
(2) Wie werden die drei Figuren Lisa, Alfred und Isolde vorgestellt?
(3) Wo ist die Erzählung am spannendsten? Welchen erzählerischen Trick wendet der Autor hier an?
(4) Gibt es noch eine weitere spannende Stelle? Begründe deine Meinung.

b Überlege, an welchen Stellen du dir noch mehr Informationen gewünscht hättest. Mach Veränderungsvorschläge, indem du dir z. B. ausdenkst, wie Lisa, Alfred und Isolde aussehen oder wie die Küche aussieht, in der die drei sitzen.

5 Je anschaulicher du die Figuren beschreibst, desto leichter können deine Leser sie sich vorstellen.

Versuche, das Verhalten folgender Tiere, ihre Laute und Bewegungen darzustellen. Verwende passende Adjektive, Verben oder auch geeignete Vergleiche.

(1) Wie kann das Bellen eines Hundes klingen?
(2) Wie kann ein Hund dich ansehen?
(3) Wie kann das Fell eines Hundes aussehen?
(4) Wie bewegt sich eine Katze?
(5) Welche Töne kann eine Katze von sich geben?
(6) Welche Farben und Zeichnungen kann das Fell einer Katze haben?
(7) Wie klingt das Zwitschern eines Wellensittichs?
(8) Welche Geräusche macht ein Meerschweinchen?
(9) Wie bewegen sich Fische im Aquarium?
(10) Welche Farben können Fische haben?

 S. 54: *Eine Person beschreiben*. S. 116: *Attribut*.

Damit dir deine Leser mit Spannung folgen, kannst du **verschiedene Gestaltungsmittel** anwenden.

- Überlege dir einen **Spannungshöhepunkt** für deine Geschichte und gestalte ihn ausführlich.

- Lass die **Figuren** deiner Erzählung lebendig werden.
  Beschreibe sie genau.
  – Wie sehen sie aus?   – Was denken sie?
  – Wie verhalten sie sich? – Was fühlen sie?

- Lass sie miteinander sprechen (einen Dialog führen).
  Setze solche Gespräche an besonders wichtigen und spannenden Stellen ein.

- Verwende **treffende Verben**, **anschauliche Adjektive** oder auch **passende Vergleiche**. Sie machen deine Erzählung lebendig.

 S. 147: *Wortfelder*. S. 150: *Zusammensetzungen*.

6 Maria möchte ein Erlebnis mit ihren Tieren Karo und Mucki aufschreiben.
Sie hat sich Notizen gemacht, was in ihrer Erzählung stehen soll. Leider sind sie etwas durcheinander geraten.

a Versuche, ihre Notizen zu ordnen und in der richtigen Reihenfolge aufzuschreiben.

> Suchen und rufen: Hund ist weg
> Karo (unser Hund), faul in der Sonne
> mein Kaninchen Mucki hinter dem Haus auf Wiese: ich passe auf
> plötzlich unerwartet meine Freundin Lara: freudige Begrüßung
> stolzer Karo bewacht allein gelassenen Mucki
> wichtige Neuigkeiten, dann gemütliches Kaffeetrinken auf der Terrasse
> Kaninchen allein gelassen
> zufälliger Gang hinter das Haus: Hund und Kaninchen auf der Wiese
> Vati: Wo ist eigentlich Karo?
> Sommersonntag im Garten
> Fragen bei Nachbarn: Hund bleibt verschwunden

b Maria weiß schon, wie sie ihre Tiere beschreiben möchte. Kannst du sie dir anhand ihrer Notizen vorstellen? Was würdest du eventuell ergänzen?

> Mucki:
> seidiges Fell, Stummelschwanz, sehr temperamentvoll, läuft gern frei im Garten herum
> Karo:
> Mischlingshund mit kurzen, spitzen Ohren – das rechte etwas geknickt – lustig!

7 Maria (Aufgabe 6) hat sich auch schon notiert, welche Personen in ihrer Erzählung vorkommen sollen und welche Dialoge sie schreiben möchte. Auch einen Einleitungssatz hat sie bereits formuliert.

> Personen:
> Vater, Mutter, ich, Lara, mehrere Nachbarn
> Dialoge:
> Vati und ich am Kaninchenstall
> Lara und ich bei Laras unverhofftem Kommen
> Muttis Schimpfen, weil ich nicht auf Karo aufgepasst habe
> wir und die Nachbarn bei der Suche nach Karo
> unsere Ausrufe, als wir Karo bei Mucki entdecken
> Einleitung:
> Es war an einem schönen, warmen Sommersonntag, ich war mit meinen Eltern in unseren Garten gegangen. Es war nichts los, ich langweilte mich.

a Kannst du dir anhand von Marias Aufzeichnungen die Situation vorstellen? Was würdest du eventuell noch ergänzen? Folgende Fragen helfen dir:

(1) Welche Gedanken und Gefühle haben die beteiligten Personen?
   – Was hat Maria wohl gedacht, als Karo plötzlich verschwunden war?
   – Wie hat sie sich gefühlt, als sie sah, wie Karo das Kaninchen bewachte?
(2) Welche von den Dialogen, die Maria notiert hat, würdest du verwenden?
   – Welcher Wortwechsel könnte zur Spannung der Erzählung beitragen?
   – Welche Gespräche wären eher unwichtig?
(3) Wie gefällt dir Marias Einleitungssatz? Mach Veränderungsvorschläge.
(4) Worauf müsste man beim Erzählen achten, um es spannend zu machen?
(5) Wie würdest du die Erzählung beenden?
(6) Welche Überschrift könnte Marias Erzählung bekommen?

b Erzähle Marias Erlebnis von Karo und Mucki. Bezieh dich dabei auf ihre Aufzeichnungen und berücksichtige auch deine Überlegungen.

8 Kannst du auch von deinem Haustier oder von einem Tier, das du kennst, etwas Lustiges, Spannendes, Peinliches erzählen?

Wichtig ist, dass du dir – wie Maria – einen Erzählplan anfertigst, damit du weißt, was und wie du erzählen willst.

Wie du einen Erzählplan entwerfen kannst

1. Über welche Situation will ich erzählen? In welcher Reihenfolge?
2. Wo ist die Erzählung am spannendsten? Wie führe ich den Leser am besten zu diesem Höhepunkt, ohne vorher zu viel zu verraten?
3. Welche Personen spielen eine Rolle? Wen will ich genauer beschreiben?
4. Welche Dialoge will ich gestalten?
5. Welche Einleitung wähle ich, um die Leser neugierig zu machen?
6. Welcher Schluss kann meine Geschichte abrunden?

S. 98: *Einen Text überarbeiten.*

Geschichten nacherzählen / Geschichten verändern

1 a Die folgende Geschichte hat eine geheimnisvolle Überschrift. Bevor ihr sie lest, sammelt an der Tafel, was euch spontan zu dieser Überschrift einfällt.

Das Schloss im Schwarzen See

Bevor ich mein Leben aushauche, will ich berichten, was mir als junger Mann widerfahren ist. […]
An meinem 21. Geburtstag nahm mich
5 mein Vater beiseite und sprach:
„Mein Sohn, dem Alter nach bist du nun ein Mann, aber besitzt du auch Mut? Wisse nämlich, dass alle erst- und zweitgeborenen Söhne der Familie Hammer-
10 dahl seit hunderten von Jahren eine Prüfung bestehen müssen.
Dein älterer Bruder Olaf ist nie zurückgekehrt. Und nun ist es an dir, die Reise zu unternehmen."
15 Besorgt fragte ich, von welcher Reise er denn überhaupt spreche. Seine Antwort war so leise, dass ich sie kaum verstand: „Von der Reise zum Schwarzen See."
Im Morgengrauen sattelte ich das Pferd
20 und verließ unser Haus. […] Mein Pferd schnaubte unruhig und mir war so, als weigerte es sich, in Richtung des Schwarzen Sees zu laufen. Über dem See, flüsterten die Alten im Dorf, liegt ein Fluch.
25 In der Abenddämmerung erreichte ich mein Ziel. Aber was sollte ich hier, welche Prüfung sollte ich denn bestehen? […] Ich war verzweifelt, als die Glocken einer nahen Kirche Mitternacht schlugen.
30 Mit dem letzten Schlag begann ein wildes Rauschen und Gurgeln.
Ich traute meinen Augen nicht:
Aus der Mitte des Sees wuchs ein prächtiges, hell erleuchtetes Schloss empor, das durch eine steinerne Brücke mit dem 35 Ufer verbunden war. Hier endlich war der ersehnte Hinweis.
Auf alles gefasst, schlich ich zum Schlosshof. Doch man schien mich längst zu erwarten, denn jede Tür, vor die ich trat, 40 öffnete sich wie von Geisterhand. In den Schlossräumen herrschte ein unermesslicher Reichtum. […]
Auf einmal war mir, als hörte ich ein Wispern: „Björn, Björn, sei auf der 45 Hut!" War das nicht die Stimme meines Bruders? […] „Nimm nicht ihre Hand, hörst du, Björn, nicht ihre Hand!" Dann folgte ein langer Schrei und ich weiß nicht, woher ich die Gewissheit nahm, 50 aber es war der Todesschrei meines geliebten Bruders. Plötzlich gingen alle Lichter aus.

Hilflos tappte ich im Dunkeln vorwärts, ich sah nicht einmal die eigene Hand vor Augen. […] Da stieß mein Fuß auf etwas Hartes. Ich bückte mich, griff danach und stürzte im selben Moment in eine endlose, dunkle Tiefe. Erst als ich im Wasser aufschlug, hörte ich auf zu schreien.

Ich hielt mich verzweifelt über Wasser, wusste aber wegen der vollkommenen Dunkelheit nicht, wohin. Kleine glühende Augen flogen auf mich zu. Dahinter erkannte ich bald eine eigenartig verzerrte Gestalt, die in einen weißen luftigen Mantel gehüllt war. Sie rief mir zu: „Nimm meine Hand, Björn, ich rette dich aus den Fluten." Schon wollte ich meine Hand ausstrecken, da stockte ich mitten in der Bewegung. Die warnenden Worte meines Bruders fielen mir ein und ich rief: „Nie und nimmer nehme ich deine Hand, eher sterbe ich!"

Sofort erhob sich wieder ein Rauschen und Gurgeln. Der Mond trat hinter den Wolken hervor und ich erkannte den See und das rettende Ufer.

Ich schwamm um mein Leben.

Als ich erwachte, war es heller Tag und der See lag glatt wie ein Spiegel vor mir. Ich dachte zuerst geträumt zu haben, aber dann bemerkte ich, dass meine Kleidung noch immer nass war – ich war wirklich im See gewesen. Ich ritt heim.

Tränen liefen meinem Vater über das Gesicht und meine Mutter umarmte mich wieder und wieder. Ich aber fuhr die beiden zornig an:

„Warum habt ihr Olaf und mich zum Schwarzen See geschickt? […]"

Die Augen meines Vaters bewölkten sich und er sprach mit brüchiger Stimme:

„Die Hammerdahls verdanken ihren Reichtum den Geisterherren vom Schwarzen See. Doch als Gegenleistung für unseren Wohlstand müssen wir unsere ältesten Söhne einer grausamen Prüfung unterziehen. An dem Tag, an dem wir das Gebot der Geisterherren missachten oder das Geheimnis des Schwarzen Sees verraten, wird unser ganzes Hab und Gut zu Asche zerfallen. Auch du musst dich dem Gebot der Geisterherren beugen und deine beiden ältesten Söhne zum Schwarzen See schicken."

Ich habe mein Leben lang geschwiegen. Aber nun will ich dem grausamen Spuk ein Ende machen. Ich habe mir keine Frau genommen und keine Kinder gezeugt.

Kein Hammerdahl geht jemals mehr zum Schloss im Schwarzen See.

Regina Esser-Palm

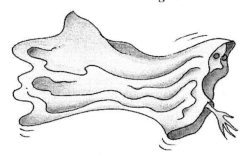

b Schließe das Buch und schreibe aus dem Gedächtnis Stichpunkte zum Ablauf der Handlung auf.

c Überlege, an welcher Stelle der Geschichte der Spannungshöhepunkt ist. Was macht die Erzählung so lebendig?

d Erinnerst du dich noch an die Regeln zum Nacherzählen? Ergänze das angefangene Tafelbild in deinem Heft.

> Regeln zum Nacherzählen
> - Geschichte mit eigenen Worten wiedergeben, nicht den Wortlaut merken
> - Spannungsbogen beachten und gestalten
> - Sätze nicht immer mit „und dann" verknüpfen

e Erzähle die Geschichte „Das Schloss im Schwarzen See" so genau wie möglich nach. Nutze deine Stichpunkte.

2 a Lies, wie ein Schüler die Geschichte erzählt hat.

Meine Familie verdankt ihren Reichtum den Geisterherren vom Schwarzen See. Dafür müssen alle Hammerdahls ihre ältesten Söhne opfern. Mir und meinem Bruder stand das gleiche Schicksal bevor. Durch die Hilfe meines Bruders Olaf überlebte ich die Nacht und kehrte zurück zu meiner Familie. Aber die Geisterherren sollten niemals meine Söhne bekommen. So blieb ich bis heute allein.

b Was ist bei dieser Erzählung anders als bei deiner Nacherzählung?
– Aus wessen Perspektive hast du erzählt? Aus wessen Perspektive erzählt der Schüler?
– Wie wirkten die jeweiligen Erzählperspektiven auf dich? Vergleiche.

3 Es gibt noch weitere Figuren, aus deren Perspektiven ihr die Geschichte (Aufgabe 1) erzählen könnt. Teilt die Klasse dazu auf: Die eine Hälfte erzählt aus Olafs Perspektive, die andere aus der Perspektive des Vaters Hammerdahl.

Du kannst eine Geschichte so genau wie möglich nacherzählen. Du kannst sie aber auch verändern, indem du sie aus einer **anderen Perspektive** erzählst, so z. B. aus der Sicht des **Ich-Erzählers** oder der des **Er-/Sie-Erzählers**.

Der **Ich-Erzähler** ist am Geschehen **selbst beteiligt**. Er erzählt aus **seiner Sicht** und gibt seine **Gedanken** und **Gefühle** wieder:
Gestern habe ich etwas Wunderbares erlebt. Ich lief die Straße entlang …

Der **Er-/Sie-Erzähler** ist **nicht selbst beteiligt**, sondern **beobachtet** von außen. Er kann die Gedanken und Gefühle aller Figuren der Geschichte wiedergeben:
Katharina stockte der Atem. So etwas hatte sie noch nie gesehen. Es sieht aus wie ein großes Ungeheuer, dachte sie …

4 a Lies noch einmal die Geschichte „Der geheime Hund" auf S. 32–33.
Aus welcher Perspektive ist sie erzählt?

b Auch diese Geschichte kann man aus verschiedenen Perspektiven erzählen, z. B.:
– aus der Perspektive des Hundes,
– aus der Perspektive der Frau Schmidt, der Besitzerin des Zeitungsladens,
– aus der Perspektive des Journalisten, der die Geschichte in die Zeitung gesetzt hat.

Versuche, die Gedanken und Gefühle der drei Familienmitglieder am
Frühstückstisch noch ausführlicher darzustellen als in der Originalgeschichte, z. B.:
– Was denkt der Vater, der sich hinter seiner Zeitung versteckt?
– Welche Gedanken schießen Lisa durch den Kopf, als ihre Mutter den
  Zeitungsartikel vorgelesen hat? Was fühlt sie?
– Am Ende der Geschichte heißt es über Lisas Mutti: „Sie verzieht das Gesicht."
  Was könnte ihr in diesem Moment durch den Kopf gehen?

 S. 63: *Lesen trainieren – aus einem Jugendbuch vortragen.*

5 a Lies die folgende Geschichte laut vor.

Eine Gießkanne voll Gift

„Ich hab das ewige Jäten satt!", sagte die Mutter, als sie nach der Heimkehr von der Ferienreise die Ritzen zwischen den Terrassenplatten vollgewuchert wieder-
5 fand. „Jetzt ist damit endgültig Schluss!"
„Dagegen lässt sich nichts machen", seufzte der Vater. „Wo die Samen hinfliegen, da fangen sie eben an zu wachsen. Vergiss nicht: Das Unkraut ist lebendig."
10 „Nicht mehr lange", sagte die Mutter.
Am nächsten Tag ging sie in die Samenhandlung, kaufte eine kleine Packung, die *Unkraut-Finis* hieß, füllte daheim eine Gießkanne mit Wasser und rührte das
15 graue Pulver aus der Packung hinein. Als Silvia auch rühren wollte, durfte sie nicht. „Das ist Gift", sagte die Mutter. „Nichts für Kinder. Wenn man 's an die Finger bekommt und dran leckt, kriegt
20 man Bauchweh, und wenn man davon trinkt, muss man ins Krankenhaus."

Silvia leckte nicht und trank nicht. Sie sah zu, wie die Mutter die ganze Terrasse begoss. Die Terrasse lag höher als der übrige Garten. Auf der Böschung wuchsen 25 wunderschöne Steingartenpflanzen und kleine Büsche. Und da stand auch die junge Trauerweide, unter der Silvias Opa so gern saß. Von Jahr zu Jahr war sie gewachsen. Sie war Mutters ganzer Stolz. 30 Silvia durfte den nächsten Tag nicht auf

die Terrasse. Durch das Fenster sah sie, wie das Unkraut in den Ritzen gelb und schlapp wurde. „Es wirkt schon", sagte die Mutter zufrieden. Aber als Silvia am übernächsten Tag, nach einem kräftigen Nachtregen, wieder auf die Terrasse durfte, entdeckte sie, dass auch die Pflanzen auf der Böschung gelb und schlapp wurden. Sie rief die Mutter. Die beugte sich über die Böschung und sagte: „O Gott!" Dann wurde sie still.
Zwei Wochen später war alles, was auf der Böschung gewachsen war, verdorrt. Tot. Die Erde lag grau und verkrustet da, schrecklich anzusehen. „Du bist eine Pflanzenkillerin", sagte Silvia zur Mutter. „Sag doch so was nicht!", rief die Mutter und schüttelte Silvia. „Hab ich dir nicht gesagt, du sollst die Finger von diesem Teufelszeug lassen?", schimpfte der Opa. Er war untröstlich, denn die Trauerweide, deren Wurzeln unter der Terrasse entlangliefen, verlor ihre Blätter wie im Herbst, obwohl es erst August war. Und einen Monat später war sie auch tot.
Die Mutter weinte. „Nimm 's dir doch nicht so zu Herzen", sagte der Vater. „Pflanz eben einen neuen Baum. Und neue Blumen und Büsche auf die Böschung." Die Mutter schüttelte den Kopf. „Hier wächst jetzt lange nichts mehr", seufzte sie. Und sie schloss die Tür zur Terrasse und zog den Vorhang zu, damit alle, die sich im Wohnzimmer aufhielten, von diesem traurigen Anblick verschont blieben.
Als es schon dunkel wurde, schlich sich Silvia hinaus zur Böschung, kauerte sich nieder und strich über die harte, verkrustete Erde.
„Entschuldige, Erde", flüsterte sie. „Entschuldigt, ihr Pflanzen alle, die ihr daran gestorben seid. Meine Mutter wird so etwas nie wieder tun. Und auch ich werde solches Gift nie, nie in meinem ganzen Leben gebrauchen. Ich bin fürs Leben!" Dann schlich sie wieder ins Haus. Die Mutter saß im Wohnzimmer – ganz allein. Sie stützte den Kopf in die Hände. Silvia ging zu ihr hin und legte die Arme um ihren Hals. „Wenn 's dir nur Leid tut", flüsterte sie.

b In dieser Geschichte wird oft wörtliche Rede verwendet. Erzähle die Geschichte nach und achte besonders darauf, dass du die Dialoge lebendig wiedergibst.

→ S. 125: *Die Zeichensetzung bei der direkten (wörtlichen) Rede.*

6 Aus welcher Perspektive ist die Geschichte „Eine Gießkanne voller Gift" erzählt? Verändere die Perspektive und erzähle aus der Sicht des Mädchens Silvia. An welchen Stellen könntest du die Gedanken und Gefühle von Silvia noch ausbauen und ergänzen?

7 Eine ganz andere Sicht hat Silvias Mutter auf die Ereignisse. Kannst du dir vorstellen, wie sie die Geschichte darstellen würde? Schreibe sie aus ihrer Sicht auf.

Kreatives Schreiben

Ihr habt Erlebnisse erzählt, Geschichten nacherzählt oder sie verändert. Im Folgenden findet ihr viele Ideen, wie ihr eigene Geschichten erfinden könnt.

Einen Erzählkern ausgestalten

1
Fahndung bisher erfolglos
Die Polizei hat bisher keine Spur von den drei Bankräubern, die am Donnerstagabend die Sparkasse in G. überfielen. Die Täter erbeuteten einige tausend Euro, eine Kassiererin wurde schwer verletzt. Die drei waren maskiert und trugen dunkle, unauffällige Kleidung. Das Fluchtauto wurde bereits gefunden.

Diese Zeitungsmeldung kann der Kern für eine spannende Geschichte sein. Überlege, wie du diesen Erzählkern ausgestalten kannst. Fertige einen Erzählplan an.

 S. 36: *Erzählplan*.

 Filmbeschreibungen aus Fernsehzeitschriften enthalten oft Ideen für eine Geschichte. Situationen, die du zu einer Geschichte ausbauen kannst, findest du auch auf S. 70.

2 Nach Karten erzählen

 Ein interessantes Spiel ist das „Kartenerzählen". Jeder Mitspieler bekommt vier Karten in verschiedenen Farben. Auf die rote Karte schreibt er einen Ort, an dem eine Geschichte spielen soll. Auf der grünen Karte gibt er Personen vor. Auf der gelben Karte notiert er eine Jahreszeit oder besondere Wetterverhältnisse. Auf die blaue Karte schreibt er ein Thema in Form eines Sprichworts.

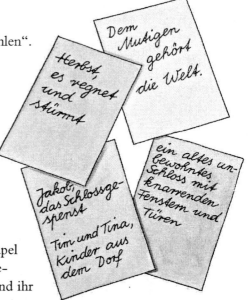

Nun könnt ihr unterschiedlich vorgehen:
– Ihr zieht pro Gruppe von jedem Farbstapel nur eine Karte. Jeder denkt sich eine Geschichte zu denselben vier Karten aus und ihr erzählt sie euch gegenseitig.
– Ihr mischt die Karten. Jeder zieht von jeder Farbe eine Karte und bekommt so eine neue Mischung. Denkt euch anhand der Karten eine Geschichte aus.

Kreatives Schreiben

3 a Du kannst auch selbst kreativ tätig werden. Sammle aussagekräftige Reizwörter zu einem vorgegebenen oder auch selbst gewählten Thema. Schreibe diese Wörter auf kleine Kärtchen und stecke sie in ein „Wortsäckchen". Lass nun andere Schüler sechs Wörter ziehen und eine Geschichte daraus schreiben.

b Es gibt auch eine andere Möglichkeit. Du bastelst dir einen Würfel und schreibst auf jede Seite eines deiner Wörter. Nun würfelt ein anderer Schüler und nutzt die Schlüsselwörter in der gewürfelten Reihenfolge, um eine Geschichte zu schreiben.

Eine Fortsetzung schreiben

4 a Wie könnte die Geschichte des kleinen Hundes im Schließfach auf S. 32 f. weitergehen? Denke dir eine Fortsetzung aus und schreibe sie auf.

b Schreibe folgenden Geschichtenanfang weiter.

Die Fahrt mit der Geisterbahn

Es ist Jahrmarkt in der Stadt. Riesige bunte Plakate werben für spannende, tolle Abenteuer. Eine der neuen Attraktionen ist die Geisterbahn. Hier soll jeder, der mitfährt, das Gruseln lernen. Tom, André und Erik verabreden sich für den Nachmittag. Natürlich steht für die drei eine Fahrt mit der Geisterbahn auf dem Programm. „Ich fürchte mich nicht", sagt Erik, „sollen die Gespenster doch kommen." André und Tom aber werden immer stiller …

Nach Bildern schreiben

5 Um Ideen für spannende Geschichten zu finden, kannst du auch Bilder und Zeichnungen betrachten und deine Eindrücke zu einer Erzählung ausbauen.

a Betrachte in Ruhe das Bild des belgischen Malers René Magritte (1898–1967). Was geht dir dabei durch den Kopf? Mach dir einige Notizen.

Denke z. B. über Folgendes nach:
(1) Welche Stimmung geht von dem Bild aus?
(2) Welchen Namen könnte das Gebilde haben, das über dem Meer schwebt, welchen Namen die Stadt?
(3) Wie könnte es entstanden und wie an seinen merkwürdigen Platz geraten sein?
(4) Gibt es auf ihm Lebewesen? Wenn ja, wie sehen sie aus? Wie leben sie?

b Du kannst auch zwei oder mehrere Bilder anschauen und dir eine Geschichte ausdenken, die diese Bilder miteinander verknüpft. Suche auch selbst nach Bildern, Zeichnungen oder Gemälden, die zum Erzählen anregen.

Eine Geschichte umschreiben

6 Baronesse Draculesse

Die Turmuhr schlug neun, zehn, elf. Baronesse Draculesse rekelte sich in ihrem Sarg. Schlag zwölf sprang sie auf. Sie wollte spazieren gehen. [...]
Baronesse Draculesse hatte es eilig. Vor Sonnenaufgang musste sie wieder in ihrem Sarg liegen. Und jetzt war Sommer, diese eklige Jahreszeit mit den kurzen Nächten. Leichtfüßig huschte sie aus ihrer Gruft ... und rutschte auf einer Bananenschale aus. Sie schlitterte in das frisch ausgehobene Grab Nr. 131313. Dort lag bereits der betrunkene Totengräber.
„Möge dich ein Werwolf verschlingen!", fauchte Baronesse Draculesse wütend. „Wie kannst du dich erdreisten, an diesem Ort Bananen zu essen? Und mir die Schalen in den Weg zu werfen? Du fuselbeduselte Figur! Wie stellst du dir das überhaupt vor, ausgerechnet jetzt deinen Rausch auszuschlafen, während der Stunde der Vampire? Gaff mich doch nicht so an [...] Und lall nicht so liederlich! Mensch, musst du voll sein! [...] Sag einmal: Hast du zufällig Blutgruppe null Rhesus negativ?"
Der Totengräber bibberte am ganzen Körper. „S-s-sehe ich vielleicht so aus?", stammelte er. Baronesse Draculesse fletschte die Zähne und biss ihn. „Ooooh!", stöhnte er und sank zur Seite. Dann aber flüsterte er: „Bitte noch einmal!"
Baronesse Draculesse würdigte ihn keines weiteren Blickes. Eine unbändige Kraft durchströmte sie. Sie erhob sich und sprang aus dem Grab.
Doch plötzlich wurde ihr übel. Sie begann zu torkeln. [...] Sie begann Trinklieder zu trällern und der Totengräber stimmte mit ein.
Da begann es im Osten zu dämmern. „Die Gruft ruft ... die Gruft ruft ...", stammelte Baronesse Draculesse. Schon schimmerten die Strahlen der aufgehenden Sonne am Horizont. Kurz entschlossen wankte sie zu der erstbesten Grabkammer. Sie ahnte nicht, dass es die ihrer ärgsten Feindin war: die der Gräfin Bissmark...

Ernst Ekker

a Wie hat dir die Geschichte gefallen? Bereite sie für einen guten Lesevortrag vor.

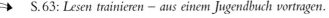 S. 63: *Lesen trainieren – aus einem Jugendbuch vortragen.*

b Wie könnte die Geschichte weitergehen? Schreibe einen ungewöhnlichen Schluss.

c Du kannst auch die Personen verändern oder andere Personen hinzufügen. Probiere das einmal aus und gestalte deine eigene Geistergeschichte.

Eine verknüpfte Geschichte (Hypertext) schreiben

7 Sehr spannend ist es, eine Geschichte zu lesen, in der die Leser selbst mitbestimmen können, wie es weitergeht. Kennst du das Buch „Die Insel der tausend Gefahren" von Edward Packard? Darin wirst du als Leser immer wieder vor die Wahl gestellt, welchen Fortgang die Geschichte nehmen soll.

Leih dir das Buch aus der Bibliothek aus und stelle es in einem Kurzvortrag in der Klasse vor.

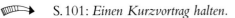 S. 101: *Einen Kurzvortrag halten.*

8 Vielleicht möchtest du auch so eine ähnliche Geschichte wie Edward Packard schreiben? In einem Textverarbeitungsprogramm, z. B. Word, kann man einen Text so anlegen, dass der Leser verschiedene Fortsetzungsmöglichkeiten vorfindet. Zu diesen Fortsetzungen gelangt er, wenn er innerhalb der Geschichte auf einen Link, d. h. auf eine Verknüpfung zu einer anderen Datei klickt.
Die Geschichte, die so entsteht, nennt man Hypertextgeschichte.

> Ein **Hypertext** ist ein am Computer verfasster Text, der aus mehreren Teilen besteht. Diese Teile sind in verschiedenen Dateien abgespeichert und durch einen **Hyperlink**, d. h. durch eine Verknüpfung, miteinander verbunden. Der Text ist nun nicht mehr „der Reihe nach" zu lesen, sondern der Leser bestimmt selbst den Ablauf der Geschichte mit.

a Schreibe die Geschichte aus Aufgabe 4b auf S. 43 mit deiner Lernpartnerin/ deinem Lernpartner als Hypertext weiter.

Schreibt den Anfang der Geschichten zuerst in eine Word-Datei. Speichert ihn möglichst als html-Datei ab, damit ihr die Geschichte ins Internet stellen könnt.

b Die Fortsetzungen, die ihr schreiben wollt, müsst ihr nun mit einem Hyperlink mit dem Anfang der Geschichte verknüpfen, sodass sich der Leser am Computer eine Stelle zum Weiterlesen aussuchen kann.

Wie du einen Hyperlink erstellen kannst

1. Markiere in der Datei mit dem Geschichtenanfang das Wort, das zum Stichwort für deine Weiterführung der Geschichte, d.h. zu einem Link, werden soll.
2. Gehe in der Menüleiste auf „Einfügen" und dann auf „Hyperlink".
 Ein Fenster öffnet sich.
3. Gib nun in das Feld „Name des neuen Dokuments" einen Dateinamen für deine Geschichte ein, die sich bei einem Klick auf den Link öffnen soll.
4. Deine Eingabe musst du immer mit OK bestätigen.

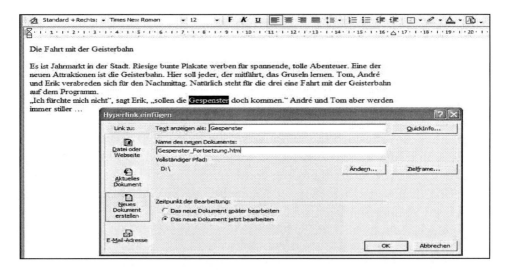

c Stelle gemeinsam mit deiner Lernpartnerin/deinem Lernpartner in einer Mindmap Material zusammen, das ihr für eure Geschichte benutzen könntet.

d Jeder von euch schreibt dann eine Fortsetzung in eine extra Word-Datei. Speichert die Texte wieder möglichst als html-Dateien ab.
Überarbeitet danach eure Geschichte noch einmal sorgfältig.

S. 43: *Eine Fortsetzung schreiben.* S. 98: *Einen Text überarbeiten.*

Ihr könnt eure Texte noch besser gestalten, indem ihr mit verschiedenen Schriften, Schriftgrößen oder Farben arbeitet und eventuell Bilder einfügt, z.B. mit ClipArt.

9 a Natürlich sollen nun so viele Leute wie möglich eure Geschichte lesen. Überlegt, welche Möglichkeiten es gibt, sie einem großen Leserkreis zugänglich zu machen.

b Ihr könntet z.B. ein virtuelles Geschichtenbuch erstellen. Veröffentlicht eure Geschichten mithilfe eures Informatik-Lehrers auf der Homepage eurer Schule.

Beschreiben

Einen Vorgang beschreiben

1

Überlege, wo hier das Problem liegt. Hast du schon ähnliche Situationen erlebt? Wie müsste eine Gebrauchsanweisung idealerweise aussehen?

2 a Sicher bist du in den naturwissenschaftlichen Fächern schon einmal aufgefordert worden, einen Vorgang zu beschreiben. Worauf musstest du dabei achten?

b Lies die folgende Situationsbeschreibung:

Sophie sagt zu ihrem Bruder: „Du weißt bestimmt nicht, warum Wasser mal flüssig, mal fest und auch mal gasförmig ist. Das hatten wir nämlich heute in Physik. Also, erst haben wir in einem Glas mit Eiswürfeln die Temperatur gemessen. Es waren – 4 °C. Mit einer Gasflamme haben wir dann das Glas erhitzt. Das Eis ist natürlich ziemlich schnell geschmolzen. 0 °C hatte da das Wasser. Dann haben wir das Wasser zum Kochen gebracht, sodass es verdampfte. Wir haben dann eine kalte Glasplatte über den Dampf gehalten, der sich wieder in Wasser verwandelte. Es ist ganz einfach, der Aggregatzustand des Wassers hängt von der Temperatur ab."

c Stell dir vor, Sophies Versuchsbeschreibung sollte in ein Physiklehrbuch aufgenommen werden. Worauf müsste sie achten?
Formuliere den Text entsprechend um.

Schreibe: In ein Glas gibt man Eiswürfel ...
   oder: Eiswürfel werden in ein Glas gegeben ...

➜ S. 134: *Aktiv- und Passivformen.*

48 Beschreiben

> Bei einer **Vorgangsbeschreibung** beschreibst du einen **wiederholbaren Vorgang** oder eine **wiederholbare Handlung** bzw. **Tätigkeit**, damit ein anderer sie nachvollziehen kann.
>
> Vorgangsbeschreibungen sind z. B. Gebrauchsanweisungen, Reparatur- und Spielanleitungen, Versuchs- und Wegbeschreibungen, Kochrezepte sowie Anleitungen zum Zusammenbau von Einzelteilen.

3 Die folgenden Abbildungen veranschaulichen ein Experiment. Schau sie dir genau an und beschreibe die einzelnen Teilvorgänge. Du kannst es auch selbst ausprobieren.

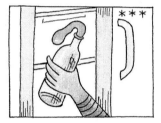 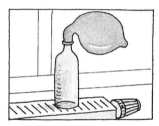 

> Du weißt, Vorgänge bestehen aus einzelnen **Teilvorgängen**. Diese Teilvorgänge musst du **vollständig, genau** und in der **richtigen Reihenfolge** beschreiben, damit dein Leser oder Zuhörer sie auch wiederholen kann.
>
> Achte darauf, die Sätze möglichst abwechslungsreich miteinander zu verknüpfen.

 S. 120: *Einfache und zusammengesetzte Sätze.*

4 a Nenne die Teilvorgänge, die im folgenden Text beschrieben werden. Notiere sie in Form von Stichpunkten.

Wenn die Bilder laufen lernen

Bestimmt warst du schon einmal im Kino. Das, was du auf der Leinwand siehst, ist nichts anderes als eine Abfolge von einzelnen Bildern, die sehr schnell hintereinander gezeigt werden, ohne dass du die Einzelbilder erkennen kannst. Ein Daumenkino funktioniert nach dem gleichen Prinzip. Du kannst leicht selbst eins basteln:

5 Besorge dir zehn etwa acht mal acht cm große Blätter Papier. Zeichne dann auf das erste Blatt eine Figur, die einen Ball in der Hand hält. Nimm anschließend das zweite Blatt und zeichne an die gleiche Stelle die gleiche Figur. Nun hat die Figur den Ball aber nicht mehr in der Hand, sondern er hat sich schon ein Stück nach oben bewegt. Zeichne den Ball deshalb an die Stelle neben ihrem Kopf. Entwirf die Figur
10 jetzt ein drittes Mal. Dieses Mal hat sich der Ball über die Kopfhöhe der Figur bewegt. Auf diese Weise bemalst du schließlich alle Blätter. Achte darauf, dass du den Ball immer ein Stückchen weiter nach oben setzt. Ab dem sechsten Blatt kann der Ball dann langsam wieder zu Boden fallen. Auch der rechte Arm der Figur sinkt jedes Mal ein wenig mehr, bis er auf dem zehnten Bild herunterhängt.
15 Hefte schließlich alle Blätter an einer Ecke zusammen. Wenn du sie schnell durchblätterst, siehst du, wie eine Figur einen Ball in die Luft wirft und wie dieser zu Boden fällt.

b Untersuche, wie diese einzelnen Teilvorgänge miteinander verknüpft sind.
Schreibe die entsprechenden Wörter oder Wortgruppen heraus.
Wenn du selbst eine Beschreibung anfertigst, kannst du sie verwenden.

Die Verknüpfungswörter stehen nicht immer am Satzanfang.

5 Viele Menschen füttern in der kalten Jahreszeit die Vögel, die bei uns überwintern.
Ein Vogel- oder Futterhäuschen kannst du leicht selbst bauen.

So soll es einmal aussehen:

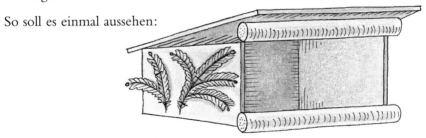

a Hier hat jemand die einzelnen Teilvorgänge für den Bau durcheinander gebracht.
Überlege und prüfe, in welcher Reihenfolge der Zusammenbau des Futterhäuschens erfolgen muss. Schreibe die richtige Zahlenfolge auf.

 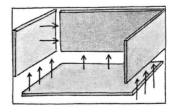 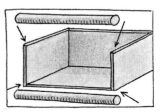

① alle Holzteile streichen und trocknen lassen   ② 4 Bretter wie angegeben zusammennageln   ③ je ein Rundholz oben bzw. unten aufnageln

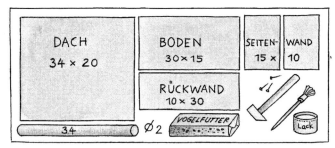 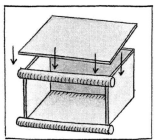

④ Du brauchst: 5 Bretter / 2 Rundhölzer in den angegebenen Maßen, ca. 30 Nägel, einen Hammer, Pinsel, wetterfeste Farbe, Vogelfutter

⑤ Dach anbringen, nach vorn 5 cm, an den Seiten je 2 cm überstehend; Dach auf die Rückwand nageln

b   Beschreibe den Zusammenbau des Futterhäuschens schriftlich. Achte auf sinnvolle und abwechslungsreiche Verknüpfungen.

6   Wählt jeweils einen der folgenden Vorgänge aus und beschreibt ihn. Seid dabei sehr genau und beschreibt alle wichtigen Teilvorgänge.
   – Wie geht man vor, um in einem Weltatlas ein Land, eine Insel, eine Stadt, einen Strom, ein Gebirge usw. zu finden?
     Vorschläge: Tansania, Falkland-Inseln, Rio de Janeiro, Yukon, Ural
   – Was muss man tun, um im Internet eine bestimmte Homepage zu finden?
   – Wie richtet man fachgerecht ein Aquarium ein?

Einen Gegenstand beschreiben

1 a   Du hast deinen Rucksack, deine Reisetasche oder deinen Anorak in einer Jugendherberge vergessen. Welche besonderen Merkmale würdest du bei einer telefonischen Nachfrage hervorheben?

b   Welche allgemeinen Merkmale haben die genannten Gegenstände?

> Du weißt, jeder **Gegenstand** besitzt **allgemeine Merkmale**, die er mit Gegenständen der gleichen Art gemeinsam hat:
> *Ein Rucksack hat Trageriemen. Ein Anorak hat zwei Ärmel.*
>
> Wenn du aber einen ganz bestimmten Gegenstand beschreiben willst, kannst du auf die allgemeinen Merkmale verzichten.
> Wichtig für seine genaue Kennzeichnung sind die **besonderen Merkmale**:
> *Mein Rucksack ist hellblau und hat dunkelblaue Streifen.*

Einen Gegenstand beschreiben | 51

2 Die besonderen Merkmale von drei Gegenständen sind im Folgenden etwas durcheinander geraten.

automatische Zentralverriegelung – Esche mattiert – beheizbare Außenspiegel – dunkelbraun poliertes Gehäuse – Platz für Aktenordner – Fernbedienung – Antiblockiersystem (ABS) – Videotext komplett – schwer auffindbares Geheimfach – getönte 79-cm-Bildröhre – wetterstabile Leichtmetallfelgen – rechts vier verschließbare Schubfächer – Video-Anschluss – ausziehbare Platte für Telefon und Lampe – Schiebedach mit Sonnenschutz – polierte Schreibplatte mit Glasauflage – flimmerfreier Empfang – vier Airbags

a Welche Gegenstände werden beschrieben? Woran habt ihr sie erkannt?

b Ordnet jedem der drei Gegenstände die entsprechenden Merkmale zu.

c Wählt einen Gegenstand aus und beschreibt ihn mithilfe der genannten Merkmale. Wenn ihr weitere kennt, könnt ihr sie ergänzen.

Wenn du einen **Gegenstand** beschreibst, sind **folgende Merkmale** wichtig:
- Name bzw. Art,
- Einzelteile (Funktion),
- Größe,
- Farbe(n),
- Funktion,
- Form / Gestalt,
- Material,
- Gesamteindruck.

Die **Reihenfolge** beim Beschreiben kannst du wählen:
- vom Ganzen zu den Einzelteilen oder umgekehrt,
- von wichtigen zu weniger wichtigen Merkmalen oder umgekehrt.

---

3 Stell dir vor, deine Großeltern wollen dir etwas für dein neues Zimmer schenken und fragen dich nach deinen Wünschen. Denke dir etwas aus und schreibe einen Brief an sie, in dem du ihnen deinen Wunschgegenstand beschreibst.
Füge eventuell eine Skizze bei.

4 a Kennst du das Wappen des Bundeslandes Sachsen? Schau es dir genau an. Beschreibe dann das Wappen.
Kannst du auch das Wappen anderer Bundesländer beschreiben?
Schau in einem Lexikon nach.

b Hat dein Wohnort ein Stadtwappen? Beschreibe es.

c Entwirf für eine Stadt deiner Wahl ein Wappen. Zeichne es auf und beschreibe es dann deinen Mitschülerinnen und Mitschülern.

5 In einem Lexikon sind Erläuterungen zumeist sehr knapp und beschränken sich auf das Allerwichtigste. Hier ein Beispiel:

Göltzschtalbrücke, vierstöckige Eisenbahnbrücke über die G., einen Nebenfluss der Weißen Elster, Nähe Reichenbach/Vogtland, erbaut 1845–1851, 78 m hoch, 575 m lang; größte Ziegelsteinbrücke der Welt.

Entwickle aus diesen Fakten einen Text, der zu einem Besuch dieser Sehenswürdigkeit anregen kann. Schau dir dazu das abgebildete Foto von der Göltzschtalbrücke an und beschreibe ihr Aussehen.

6 Hier siehst du zwei berühmte Brücken: die Tower Bridge in London (oben) und die Golden Gate Bridge in San Francisco. Such dir eine der Brücken aus und informiere dich über sie in einem Lexikon. Schreibe dann wie in Aufgabe 5 einen Text, der die anderen über das Bauwerk informiert. Beschreibe auch das Aussehen der Brücke.

 S. 91: *Mit Nachschlagewerken umgehen.*

Einen Gegenstand beschreiben   53

7 Die Umgebung der Schule ist nicht besonders einfallsreich gestaltet worden, wie du aus der folgenden Skizze entnehmen kannst.

a Beschreibe einem neuen Schüler dieses Schulgelände.

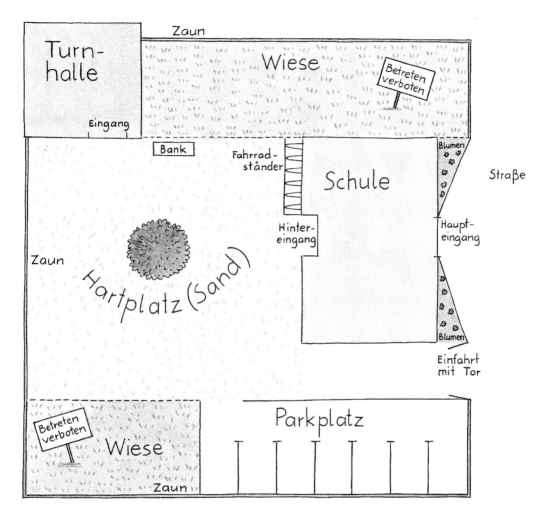

b Überlegt euch, wie man das Gelände umgestalten könnte, damit man sich in den Pausen, vor oder nach Veranstaltungen gut unterhalten und erholen kann.

c Stellt eure Überlegungen in der Klasse vor und begründet sie. Fertigt dazu Skizzen an, die ihr zur Beschreibung nutzen könnt.

Ihr könnt auch überlegen, ob und wie ihr euren eigenen Schulhof umgestalten könntet. So könntet ihr den Anstoß für eine Diskussion geben, wie man das Leben an eurer Schule noch interessanter gestalten kann.

Eine Person beschreiben

1 a Vergleiche beide Beschreibungen miteinander. Was fällt dir auf?

Max ist eine lange Latte und dürr wie ein Rutenbesen. Er hat einen Kopf wie ein Vollmond und Haare wie ein Igel. Außerdem hat er Segelohren. Die Kleidung ist komisch zusammengewürfelt.

Max ist elf Jahre alt, sehr groß und schlank. Er hat ein rundes Gesicht, die Haare sind zu einer Igelfrisur geschnitten. Er trägt verwaschene orangefarbene Jeans, ein rosa T-Shirt und braune Schuhe.

b Welche Merkmale wurden in beiden Texten erfasst? Beurteile die Beschreibung auf der linken Seite.

2 Überlegt, zu welchen Zwecken Personenbeschreibungen angefertigt werden, und notiert Beispiele. Tauscht euch anschließend aus.

3 Genaue Personenbeschreibungen werden wichtig, wenn z. B. Vermisstenanzeigen aufgegeben werden. Ein Polizist muss in Zusammenarbeit mit demjenigen, der die Anzeige aufgibt, die vermisste Person beschreiben. So genannte Merkmallisten helfen in diesem Fall, Gestalt und Aussehen der Person ganz genau zu erfassen.

Inhalt und **Umfang** einer **Personenbeschreibung** hängen besonders davon ab, zu welchem Zweck du sie verfassen willst.

An folgenden Gesichtspunkten kannst du dich orientieren:
– äußere Merkmale:
   Geschlecht, Alter, Größe, Figur, Gesicht, Haut-, Haar-, Augenfarbe, Nase, Mund, besondere Merkmale, …; Frisur, Kleidung, Schuhe, Schmuck, …
– Gesamteindruck

Eine Personenbeschreibung darf niemanden lächerlich machen oder beleidigen.

Eine Person beschreiben | 55

a Die folgende Liste enthält nur zu einigen Körperteilen eine Auswahl möglicher Merkmale. Ergänzt sie.

Gestalt / Körper *breitschultrig, groß, klein, knochig, kräftig, muskulös, schlank, schmächtig, zierlich, …*
Ohren *abstehend, anliegend, groß, klein, spitz, …*
Kopf *groß, klein, oval, rund, viereckig; breite Backenknochen, …*
Zähne *gelblich, lückenhaft, schief, ungepflegt, vorstehend, weiß; sichtbare Plomben, …*

Stirn *fliehend, gefurcht, glatt, hoch, niedrig, …*
Gesicht *bleich, eckig, eingefallen, länglich, pausbäckig, rot, rund, schmal, voll, …*
Kinn *breit, spitz, vorspringend; mit Grübchen, …*
Augenbrauen *ausrasiert, buschig, schmal, wulstig, zusammengewachsen, …*
Lippen *aufgeworfen, breit, dick, dünn, schmal, wulstig, …*

➔ S. 116: *Attribut.* S. 143: *Adjektive.*

b Versucht, euch selbst mithilfe der Liste so genau wie möglich zu beschreiben.

Nehmt Packpapier, legt euch darauf und zeichnet gegenseitig eure Umrisse nach. Eure eigene Personenbeschreibung könnt ihr in die Umrisse schreiben.

4 Vielleicht seid ihr von bestimmten Personen des öffentlichen Lebens, z. B. von einem Popstar, einem Schauspieler oder einer Sportlerin, ganz besonders angetan. Beschreibt euer Idol möglichst genau, ohne einen Titel, eine Rolle, die Sportart oder ein anderes Merkmal zu erwähnen. Lasst die Klasse erraten, wen ihr beschrieben habt.

5 Bei diesen Personen erkennt man auf den ersten Blick, dass sie nicht der gleichen Generation angehören.

a Überlegt, aus welcher Zeit sie jeweils stammen könnten.

b Arbeitet in zwei Gruppen. Jede Gruppe beschreibt eine der beiden Personen. Vergleicht die Texte miteinander und notiert euch, welche Gesichtspunkte berücksichtigt wurden.

6 Ihr habt sicherlich von dem griechischen Helden Odysseus gehört.

Odysseus war nach der griechischen Sage ein tapferer, erfindungsreicher Held. Als König von Ithaka kämpfte er mit List im Trojanischen Krieg. Mutig und klug war er maßgeblich am Fall Trojas beteiligt. Nach dem Kampf um Troja wollte er wieder heimwärts gen Ithaka segeln. Aber diese Heimfahrt wurde zur Irrfahrt. Sie dauerte zehn Jahre. Während dieser Zeit hatte er viele Abenteuer zu bestehen. So kämpfte er gegen den Zyklopen Polyphem. Dieser war von riesiger Gestalt. Das Wesen hatte einen mächtigen Kopf, auf dem kein Haar wuchs. Der Zyklop hatte nur ein einziges, funkelndes Auge auf seiner bleichen Stirn. Sein Mund war groß wie ein Scheunentor. Polyphem hatte Beine wie tausendjährige Eichenstämme und Arme und Hände groß genug, um starke Bäume zu entwurzeln. Odysseus konnte ihn nur mit einer List besiegen.

a Wie wird der Zyklop Polyphem beschrieben?
Suche die Angaben aus dem Text heraus.

– Gestalt
– Kopf
– Gesicht

b Du hast gelesen, dass Odysseus ein kluger, starker Mann mit vielen Ideen war.
Wie stellst du ihn dir vor? Fertige eine Personenbeschreibung an.
Du kannst auch ein Bild dazu zeichnen.

7 Aus dem Literatur- und Geschichtsunterricht kennt ihr sicherlich noch andere Helden und Idole.

a Sucht euch eine Heldin / einen Helden heraus und beschreibt sie / ihn.
Achtet darauf, dass ihr dabei ihren / seinen Namen nicht nennt.

➔ S. 91: *Informationen sammeln*.

b Veranstaltet nun einen kleinen Wettbewerb „Wer ist wer?". Stellt euren Mitschülerinnen und Mitschülern eure Beschreibung vor und lasst sie raten.

Berichten

1 a Schüler aus Helsinki, der Hauptstadt Finnlands, weilten eine Woche in Chemnitz.
Sie waren Gast der Jan-Amos-Comenius-Mittelschule.
Andreas schreibt für die Zeitung einen Bericht.
Was erwartest du von seinem Bericht?

Der Besuch aus Finnland

Am Freitag, dem 07. September, standen einige Schüler unserer Schule ganz aufgeregt vorm Schulgebäude. Sie erwarteten Besuch aus Finnland, der dann auch gegen 20 Uhr eintraf. Finnische Schüler zwischen 12 und 15 Jahren wurden recht herzlich von unserem Schulleiter begrüßt und von den Gastfamilien aufgenommen. Alle waren sehr aufgeregt und in der Hektik wurde so mancher finnische Name falsch ausgesprochen. Einige Jungen wurden sogar mit einem Mädchennamen angesprochen.

Im Laufe der nächsten Tage war aber genügend Zeit, um sich gegenseitig besser kennen zu lernen. Eine Schülergruppe unserer Schule hatte ein reichhaltiges Programm für die finnischen Gäste geplant. Teilnahme am Unterricht, Stadtführung, Kegeln, Kino standen ebenso auf dem Programm wie ein Grillfest, ein finnischer Abend und ein Sportfest. Dabei gab es auch einen schlimmen Unfall.

Verständigungsschwierigkeiten gab es nur wenige. Außer mit Händen und mit Füßen konnten wir uns auch gut auf Englisch unterhalten. Wir hatten viel Spaß zusammen.

b Hat Andreas deine Erwartungen erfüllt? Worüber hättest du gern noch mehr erfahren?
Tauscht eure Meinung über diesen Bericht aus.

Berichten

> Ein **Bericht** soll Leser oder Hörer in möglichst **knapper** und **sachlicher Form** über etwas informieren.
> Bevor du beginnst, einen Bericht zu schreiben, musst du dir überlegen,
>
> – **für wen** du ihn schreiben willst,
> – **was** deine Leser erwarten und
> – **welches Ziel** du mit deinem Bericht erreichen möchtest.
>
> Dein Bericht sollte **genaue Antworten** auf die W-Fragen *Was ist wann geschehen?*, *Wo ist es geschehen?*, *Wer war beteiligt?* und *Wie ist es abgelaufen?* geben.

2 Was würdest du an Andreas' Bericht (Aufgabe 1) verändern? Überarbeite ihn. Lass die Informationen weg, die du für unwichtig hältst.

3a Auch Robert und Lena haben über ihre Erlebnisse berichtet.
Lest die beiden Texte zunächst still und bestimmt dann zwei, die sie laut vorlesen.
Haben Lena und Robert euch gut über ihre Erlebnisse informiert?

Unser Besuch im Schullandheim

Zum Abschluss des 5. Schuljahrs ist unsere Klasse in das Schullandheim nach Haindorf gefahren. Das Schullandheim liegt mitten im Wald an einem kleinen See.
Am 23. Juni haben wir uns um 9.00 Uhr am Bahnhof getroffen. Dann sind wir mit dem Zug nach Erfurt gefahren. Dann sind wir umgestiegen in einen Bus und sind nach Klettbach gefahren. Dann mussten wir von der Bushaltestelle noch etwa 1,5 km bis zum Schullandheim laufen. Aber unsere Rucksäcke hat der Heimleiter mit dem Auto abgeholt.
Das Schullandheim ist sehr modern eingerichtet. Da gibt es einen großen Aufenthaltsraum mit einem Fernseher, 4-Bett-Zimmer mit Doppelstockbetten, zwei Wasch- und Duschräume und eine Küche, in der wir selbst kochen durften.
Draußen ist ein großer Spielplatz mit Schaukeln, Rutschen und einem Bolzplatz. Da haben die Jungen Fußball gespielt.
Am besten hat mir der Grillplatz gefallen. Da war aus Steinen und einem Rost ein Grill gebaut. Da konnten wir Bratwürste und Kartoffeln grillen.
Wir haben auch eine Nachtwanderung gemacht. Am Samstag sind wir in das Erlebnisbad nach Oberhof gefahren. Da gibt es eine Riesenrutsche und einen Wasserkreisel. Das war cool. Wir durften aber nur zwei Stunden drinbleiben. Dann fuhr unser Bus zurück ins Schullandheim.
Es hat uns allen viel Spaß gemacht.
Lena M., Kl. 6c

Ein erlebnisreicher Klassenausflug

Am 20. September hat unsere Klasse den Reiterhof Jansen besucht. Der Reiterhof liegt etwa 8 km von Halle entfernt. Er ist mit dem Bus leicht zu erreichen.
Nach unserer Ankunft wurden wir vom Stallmeister begrüßt. Er erzählte uns viel Interessantes über den Reiterhof. Dann wurden wir in die Ställe geführt. Der Stallmeister zeigte uns, wie man Pferde striegelt. Dann durften wir die Pferde striegeln. Dann fragte uns Herr Michel, wer auf einem Pony oder einem Pferd reiten möchte. Wir konnten aber auch mit der Kutsche fahren. Aber alle wollten reiten. Zuerst mussten wir die Pferde satteln. Jens, Lukas und Nadin konnten schon ein bisschen reiten. Deshalb durften sie zuerst auf die Pferde steigen. Herr Michel hat die Pferde an einer langen Leine gehalten, damit sie im Kreis laufen. Trotzdem war das nicht so einfach. Philipp hat sich nicht richtig am Bügel festgehalten und ist vom Pferd runtergefallen. Es ist ihm aber nichts passiert. Dann haben wir die Pferde noch mal gestriegelt und sie dann in die Ställe gebracht.
Dann gab es noch eine Bratwurst vom Grill. Beim Essen haben wir nur über die Pferde gesprochen. Viele wollen den Reiterhof wieder besuchen, vielleicht werden manche richtige Reiter.

Robert S., Kl. 6 a

b Schau dir die Überschriften der beiden Berichte noch einmal an. Welche hältst du für geeigneter? Warum?
Welche Überschriften hättest du gewählt?

c In Lenas Bericht gibt es Textabschnitte, in denen sie das Schullandheim beschreibt. Lies diese Abschnitte einmal vor.

Überlegt gemeinsam, ob und – wenn ja – warum diese Abschnitte notwendig sind. Wann könnte man auf diese beschreibenden Sätze verzichten?

4 a Sicher ist dir aufgefallen, dass Lena und Robert (Aufgabe 3) zwei kleine Wörter besonders häufig verwendet haben. Welche sind das?
Kannst du dir denken, warum sie diese Wörter so oft benutzt haben?

b Arbeitet jeweils zu zweit an einem der beiden Texte.
Legt eine Folie auf und unterstreicht die Wörter, die zu häufig verwendet wurden. Sucht nach anderen sprachlichen Möglichkeiten. Achtet besonders auf die Satzanfänge. Ihr könnt einen Satz völlig umgestalten oder auch zwei Sätze miteinander verknüpfen.

c Im ersten Abschnitt hat Lena ein Substantiv kurz hintereinander zweimal verwendet. Um welches Wort handelt es sich dabei?
Formuliere den Abschnitt so um, dass Wortwiederholungen vermieden werden.

d Robert spricht in seinem Bericht vom Stallmeister und von Herrn Michel.
   Sind das zwei Personen oder ist das nur eine?
   Wie müsste Robert formulieren, damit seine Aussage eindeutig wird?

5 Sicher hast du auch schon einmal etwas erlebt,
   was sich für eine gemeinsame Unternehmung,
   z. B. an einem Wandertag, eignen würde.
   Schreibe einen Bericht darüber, um deine
   Mitschülerinnen und Mitschüler für deinen
   Vorschlag zu gewinnen.

Denk daran, dass Schüler in den Pausen nur
wenig Zeit zum Lesen haben, beschränke dich
deshalb auf die wichtigsten Informationen.
Du kannst das Lesen deines Textes erleichtern,
indem du besonders wichtige Informationen
unterstreichst oder mit Farbstift hervorhebst.
Schön wäre es auch, wenn du deinen Text
durch ein Foto, eine Ansichtskarte oder eine
Illustration ergänzen könntest.

 Du kannst deinen Bericht natürlich auch mit
dem Computer schreiben.

6 Im Schwimmbad, besonders in einem Erlebnisbad, müssen bestimmte Baderegeln
   eingehalten werden.
   Bei einem Besuch dort hat David eine wichtige Regel nicht beachtet. Er ist unter
   der Rutsche stehen geblieben und mit Hannes zusammengestoßen, der nach ihm
   gerutscht war. Dabei haben sich beide verletzt. Hannes musste sogar mit einer
   Gehirnerschütterung ins Krankenhaus eingeliefert werden.
   Maria, eine Mitschülerin von David und Hannes,
   war dabei. Sie sagt Folgendes:

Ich hab's genau gesehen! Der ist einfach losgerutscht
und hat gar nicht hingesehen, ob noch jemand unter
der Rutsche stand. Der rutscht immer wie wild und
guckt nie hin. Mich hat er auch schon mal angerem-
pelt unter der Rutsche. Der ist einfach unmöglich
und passt nie auf.

a Reicht das, was Maria über den Vorfall berichtet, deiner Meinung nach aus? Gibt es
   in ihrer Aussage etwas, was sie weglassen könnte? Begründe deine Meinung.

Berichten | 61

b Stell dir vor, du hast in der Nähe der Rutsche im Wasser gestanden und alles genau beobachtet. Nun sollst du über den Vorfall mündlich berichten. Mach dir Stichpunkte zu den folgenden Fragen und berichte mit ihrer Hilfe:

1. Was passierte?   4. Wann geschah es?
2. Wer war beteiligt?   5. Wie geschah es?
3. Wo geschah es?   6. Warum kam es dazu?

Deine Mitschülerinnen und Mitschüler sollen den Bericht im Anschluss beurteilen.

> **Was du beachten musst, wenn du einen Unfallbericht beurteilst**
>
> 1. Wurden alle wichtigen W-Fragen ausreichend beantwortet?
> 2. Wurde kurz und knapp berichtet?
> 3. Wurde in der richtigen Reihenfolge berichtet, sodass man sich ein genaues Bild vom Ablauf des Geschehens machen kann?
> 4. Wurde sachlich berichtet? Wurden nur Tatsachen angeführt, ohne die persönliche Meinung hinzuzufügen?
> 5. Entspricht die Darstellung der Wahrheit?

7 Bei einem Unfallbericht ist es besonders wichtig, dass die Abfolge des Geschehens genau dargestellt wird. Warum ist das so?

> Beim **Berichten** musst du darauf achten, dass du dich an die genaue **Abfolge des Geschehens** hältst und dass du **wahrheitsgemäß** und nur **das Wesentlichste** berichtest.
> Berichte werden meistens im **Präteritum** abgefasst.

8 Überlege, warum schriftliche Berichte in der Regel im Präteritum abgefasst werden.

 S. 131: *Zeitformen der Verben*.

9 Formuliere die folgenden Sätze im Präteritum.

(1) Hannes hat nicht gewartet, bis das grüne Signal aufgeleuchtet hat.
(2) David ist unter der Rutsche stehen geblieben und hat nicht auf Hannes geachtet.
(3) Maria hat direkt neben der Rutsche gestanden.

Berichten

10 Schreibe einen Bericht über den Vorfall im Schwimmbad (Aufgabe 6 auf S. 60). Du kannst natürlich auch über einen Unfall berichten, bei dem du selbst Augenzeuge warst. Bevor du deine Arbeit beendest, prüfe, ob du alles beachtet hast. Nutze dafür die Fragen im Rahmen auf S. 61.

11 Nach diesem Vorfall berichtet David bei der Direktion des Erlebnisbades, was passiert ist. Außerdem erzählt er Jakob, seinem Freund, davon.

a Ordne folgende Aussagen dem jeweiligen Gespräch zu.

A Hannes kam plötzlich angeschossen. Ich war so erschrocken. Mir war richtig schlecht vor Angst.

B Ich blieb unter der Rutsche stehen. Hannes Krause sah mich nicht.

D Manchmal glaube ich, dass Hannes das mit Absicht gemacht hat. Er hat solche Späße drauf.

C Ich konnte nichts dafür. Hannes hätte mal warten können. Vielleicht hat er nicht mal auf das grüne Signal geachtet.

E Am 13.10.2004 gegen 15.00 Uhr bei einem Besuch im Schwimmbad „Anna Mare" verließ ich nicht wie vorgeschrieben zügig den Platz unter der Rutsche.

F Gestern ist mir was Schlimmes passiert. Der Hannes und ich sind zusammengestoßen. Hannes musste ins Krankenhaus.

G Hannes Krause rutschte und stieß am Ende der Rutsche mit mir zusammen. Ich wurde am Bein verletzt. Hannes erlitt eine Gehirnerschütterung.

b Fasse noch einmal zusammen. Was gehört in einen Bericht? Was unterscheidet den Bericht von einer Erzählung?

Mit Texten und Medien umgehen

Lesen trainieren – aus einem Jugendbuch vortragen

1 a Lies den folgenden Beginn des Buches „Tintenherz" von Cornelia Funke.

Ein Fremder in der Nacht

Es fiel Regen in jener Nacht, ein feiner, wispernder Regen. Noch viele Jahre später musste Meggie bloß die Augen schließen und schon hörte sie ihn, wie winzige Finger, die gegen die Scheibe klopften. Irgendwo in der Dunkelheit bellte ein Hund, und Meggie konnte nicht schlafen, so oft sie sich auch von einer Seite auf die andere drehte.

Unter ihrem Kissen lag das Buch, in dem sie gelesen hatte. Es drückte den Einband gegen ihr Ohr, als wollte es sie wieder zwischen seine bedruckten Seiten locken. „Oh, das ist bestimmt sehr bequem, so ein eckiges, hartes Ding unterm Kopf", hatte ihr Vater gesagt, als er zum ersten Mal ein Buch unter ihrem Kissen entdeckte. „Gib zu, es flüstert dir nachts seine Geschichte ins Ohr." – „Manchmal!", hatte Meggie geantwortet. „Aber es funktioniert nur bei Kindern." Dafür hatte Mo sie in die Nase gezwickt. Mo. Meggie hatte ihren Vater noch nie anders genannt.

In jener Nacht – mit der so vieles begann und so vieles sich für alle Zeit änderte – lag eins von Meggies Lieblingsbüchern unter ihrem Kissen, und als der Regen sie nicht schlafen ließ, setzte sie sich auf, rieb sich die Müdigkeit aus den Augen und zog das Buch unter dem Kissen hervor. Die Seiten raschelten verheißungsvoll, als sie es aufschlug. Meggie fand, dass dieses erste Flüstern bei jedem Buch etwas anders klang, je nachdem, ob sie schon wusste, was es ihr erzählen würde, oder nicht. Aber jetzt musste erst einmal Licht her. In der Schublade ihres Nachttisches hatte sie eine Schachtel Streichhölzer versteckt. Mo hatte ihr verboten, nachts Kerzen anzuzünden. Er mochte kein Feuer. „Feuer frisst Bücher", sagte er immer, aber schließlich war sie zwölf Jahre alt und konnte auf ein paar Kerzenflammen aufpassen. Meggie liebte es, bei Kerzenlicht zu lesen. Drei Windlichter und drei Leuchter hatte sie auf dem Fensterbrett stehen. Sie hielt das brennende Streichholz gerade an einen der schwarzen Dochte, als sie draußen die Schritte hörte. Erschrocken pustete sie das Streichholz aus – wie genau sie sich viele Jahre später noch daran erinnerte! –, kniete sich vor das regennasse Fenster und blickte hinaus. Und da sah sie ihn. [...]

b Tragt an der Tafel zusammen,
– was euch am Lesen und an Büchern gefällt / nicht gefällt,
– wo sich eure Lieblingsleseplätze befinden und warum ihr dort gern lest,
– was ihr gerne lest.

Falls ihr nicht gern lest, schreibt auf, warum.

2 a Sicher habt ihr schon bemerkt, dass es richtige „Leseratten" gibt, die alles lesen, was ihnen in die Finger kommt. Andere aber lesen nur das Nötigste. Woran liegt das wohl?

b Was sagt ihr zu diesen Äußerungen? Was könnt ihr darauf entgegnen?

„Lesen ist langweilig."
„Ich muss schon genug für die Schule lesen."
„Lesen ist was für Streber."
„Ich würde ja lesen, aber ich weiß nicht was."
„Lesen ist mühsam, es fällt mir sehr schwer."

3 Nehmt euch doch einmal so richtig Zeit fürs Lesen und veranstaltet in eurer Klasse einen Lesenachmittag oder -abend.

a Überlegt, wie so ein Leseereignis aussehen könnte und was ihr alles bedenken müsstet. Macht einen Arbeitsplan, wie ihr es bei den Projekten schon kennen gelernt habt.

Hier sind ein paar Ideen für verschiedene Leseveranstaltungen:
- Einige bringen ihr Lieblingsbuch mit und stellen es den anderen vor. Sucht aus dem Buch eine geeignete Stelle heraus, die ihr – vielleicht mit verteilten Rollen – vorlesen könnt.
- Ihr veranstaltet einen Lesenachmittag mit Tee und Keksen. Jeder bringt sein Lieblingsbuch und ein bequemes Kissen mit. Jetzt könnt ihr es euch im Klassenraum gemütlich machen und nach Herzenslust lesen.
- Ihr ladet eure Familien ein. Wählt ein Buch aus, aus dem ihr mit verteilten Rollen vorlesen könnt.

- Ihr leiht euch ein Buch mit Grusel- oder Heldengeschichten aus und lest es euch gegenseitig bei Kerzenschein vor.
- Ihr fragt eure Lehrerin / euren Lehrer, ob ihr eine Lesenacht in der Schule veranstalten dürft. Sammelt Ideen, wie diese Nacht ein besonderes Erlebnis werden kann.

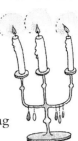

b Überlegt auch, wie ihr euch selbst auf einen wirkungsvollen Textvortrag vorbereiten könnt. Seht euch dazu den folgenden Rahmen an.

Einen **guten Lesevortrag** erkennst du an folgenden Merkmalen:

Die Vorleserin oder der Vorleser
- **kennt** den gelesenen Text **sehr gut**,
- spricht **deutlich** und betont **sinngemäß**,
- liest in einem **angemessenen Tempo**,
- macht an den richtigen Stellen **Pausen**,
- hält **Blickkontakt** zu den Zuhörern,
- **gestaltet** den Text, verändert also die Stimme, um die **Stimmung** des Textes wirkungsvoll umzusetzen (z. B. *flüsternd, zornig, stotternd* lesen).

 S. 30: *Tipps fürs Erzählen.*

4 a Bereite dich vor, den Text „Ein Fremder in der Nacht" auf S. 63 vorzutragen. Halte dich dabei an folgende Schritte.

Wie du einen Lesevortrag vorbereiten kannst

1. Überlege zuerst, wie der Text auf dich wirkt. Wie könntest du das beim Vorlesen ausdrücken?
2. Suche die Wörter heraus, die du nicht kennst, und kläre ihre Bedeutung. Lies die Wörter mehrmals laut, erst silbenweise, dann als Ganzes.
3. Überlege: Weist der Text Besonderheiten auf, die für das Vorlesen eine Rolle spielen können?
4. Hat der Text schwierige Stellen? Übe sie, bis du dich sicher fühlst.
5. Lies den Text laut vor. Beachte dabei die Hinweise im Rahmen oben.

---

b Führt eine Lesestaffel durch. Teilt dazu den Text in mehrere Abschnitte, die jeweils von verschiedenen Schülern vorgelesen werden. Welcher Vortrag gefällt euch besonders gut? Welche Tipps zur Verbesserung des Vorlesens könnt ihr geben?

5 Das Vorlesen gelingt nicht auf Anhieb. Auch professionelle Vorleser wie Nachrichtensprecher oder Radiomoderatoren müssen gutes Sprechen und Vorlesen üben und sich sorgfältig darauf vorbereiten.
Übe das Vorlesen noch einmal an einem anderen Text, und zwar an einem Ausschnitt aus dem Jugendbuch „Die Schulhoferpresser" von Ulli Schubert.

a Lies den Text zunächst still für dich und überlege, welche Stimmung mit den letzten Sätzen erzeugt wird. Probiere, gerade diese Sätze wirkungsvoll zu lesen, indem du besonders darauf achtest, an den richtigen Stellen Sprechpausen zu machen.

„Das ist doch sinnlos", stöhnte Torben. Seit einer halben Stunde krabbelten die Schülerzeitungsredakteure über den Asphalt und durch das dichte Gebüsch. Jeden Quadratzentimeter hatten sie schon zweimal überprüft, aber nichts gefunden.
„Wonach suchen wir eigentlich?", kam Saskias gequälte Stimme aus den Büschen.
5 Sie selbst war genauso wenig zu sehen wie Nana oder Stummel.
„Nach einem Hinweis", sagte Jan, der zusammen mit Torben den Bereich bei den Fahrradständern unter die Lupe nahm.
„Na wunderbar", lästerte Stummel. „Und wie sieht so etwas aus? Hängt da vielleicht ein Zettel dran: Ich bin ein Hinweis?"
10 Saskia und Torben fingen an zu lachen und Jan lief knallrot an.
„Pssst, seid mal still!", sagte Nana plötzlich. Sie tauchte aus dem Gebüsch auf, legte ihren Kopf schief und horchte angestrengt. „Hört ihr?"
Keiner wagte zu atmen. Alle verharrten stocksteif auf ihren Plätzen.
„Tatsächlich!", stieß Jan hervor. „Da kommt jemand!"

b In dem Text kommen mehrere Kinder zu Wort. Sieh dir die wörtliche Rede genau an und probiere aus, wie du sie am besten vorlesen kannst. Welche Hinweise für das Vorlesen der wörtlichen Rede werden im Text gegeben? Nenne Beispiele.

Lesen trainieren – aus einem Jugendbuch vortragen

In Vorbereitung auf deinen Lesevortrag kannst du in den Text **Lesehilfen** eintragen. Wenn das Buch nicht dir gehört, lege eine Folie über die Seite.

Besondere Betonung Unterstreiche Wörter, die du besonders betonen willst.

Kleine Sprechpause Setze einen Schrägstrich (/).

Große Sprechpause Setze zwei Schrägstriche (//).

Achtung, hier keine Pause! Verbinde dort, wo die Gefahr besteht, eine Pause zu machen, wo sie nicht hingehört, den Text mit einem Bogen (⌢).

Stimme senken
Stimme heben Zeichne die Satzmelodie ein: absinkend (↘) oder ansteigend (↗).

Achtung! Nicht zu viel einzeichnen, sonst verlierst du die Übersicht.

c Übe deinen Lesevortrag mehrmals laut.

6 Die folgende Leseprobe ist der Anfang des ersten Bandes der Harry-Potter-Bücher „Harry Potter und der Stein der Weisen".

Die Dursleys besaßen alles, was sie wollten, doch sie hatten auch ein Geheimnis, und dass es jemand aufdecken könnte, war ihre größte Sorge. Einfach unerträglich wäre es, wenn die Sache mit den Potters herauskommen würde. Mrs. Potter war die Schwester von Mrs. Dursley; doch die beiden hatten sich schon seit etlichen Jahren nicht mehr gesehen. Mrs. Dursley behauptete sogar, dass sie gar keine Schwester hätte. Die Dursleys wussten, dass auch die Potters einen kleinen Sohn hatten, doch den hatten sie nie gesehen. Auch dieser Junge war ein guter Grund, sich von den Potters fern zu halten; mit einem solchen Kind sollte ihr Dudley nicht in Berührung kommen.

Als Mr. und Mrs. Dursley an dem trüben und grauen Dienstag, an dem unsere Geschichte beginnt, die Augen aufschlugen, war an dem wolkenverhangenen Himmel draußen kein Vorzeichen der merkwürdigen und geheimnisvollen Dinge zu erkennen, die bald überall im Land geschehen sollten. Mr. Dursley summte vor sich hin und suchte sich für die Arbeit seine langweiligste Krawatte aus und Mrs. Dursley schwatzte munter vor sich hin, während sie mit dem schreienden Dudley rangelte und ihn in seinen Hochstuhl zwängte. Keiner von ihnen sah den riesigen Waldkauz am Fenster vorbeifliegen.

Um halb neun griff Mr. Dursley nach der Aktentasche, gab seiner Frau einen Schmatz auf die Wange und versuchte es auch bei Dudley mit einem Abschiedskuss. Der ging jedoch daneben, weil Dudley gerade einen Wutanfall hatte und die Wände mit seinem Haferbrei bewarf. „Kleiner Schlingel", gluckste Mr. Dursley, während er nach draußen ging. Er setzte sich in den Wagen und fuhr rückwärts die Einfahrt zu Nummer 4 hinaus.

An der Straßenecke fiel ihm zum ersten Mal etwas Merkwürdiges auf – eine Katze, die eine Straßenkarte studierte. Einen Moment war Mr. Dursley nicht klar, was er gesehen hatte – dann wandte er rasch den Kopf zurück, um noch einmal hinzuschauen. An der Einbiegung zum Ligusterweg stand eine getigerte Katze, aber eine Straßenkarte war nicht zu sehen. Woran er nur wieder gedacht hatte! Das musste eine Sinnestäuschung gewesen sein. Mr. Dursley blinzelte und starrte die Katze an. Die Katze starrte zurück. Während Mr. Dursley um die Ecke bog und die Straße entlangfuhr, beobachtete er die Katze im Rückspiegel. Jetzt las sie das Schild mit dem Namen *Ligusterweg* – nein, sie *blickte* auf das Schild. Katzen konnten weder Karten noch Schilder lesen. Mr. Dursley gab sich einen kleinen Ruck und verjagte die Katze aus seinen Gedanken. Während er in Richtung Stadt fuhr, hatte er nur noch den großen Auftrag für Bohrmaschinen im Sinn, der heute hoffentlich eintreffen würde.

Doch am Stadtrand wurden die Bohrmaschinen von etwas anderem aus seinen Gedanken verdrängt. Er saß im üblichen morgendlichen Stau fest und konnte nicht umhin zu bemerken, dass offenbar eine Menge seltsam gekleideter Menschen unterwegs war. Menschen in langen und weiten Umhängen. Mr. Dursley konnte Leute nicht ausstehen, die sich komisch anzogen – wie sich die jungen Leute herausputzten! Das musste wohl irgendeine dumme neue Mode sein. Er trommelte mit den Fingern auf das Lenkrad und sein Blick fiel auf eine Ansammlung dieser merkwürdigen Gestalten nicht weit von ihm. Ganz aufgeregt flüsterten sie miteinander. Erzürnt stellte Mr. Dursley fest, dass einige von ihnen überhaupt nicht jung waren; nanu, dieser Mann dort musste älter sein als er und trug einen smaragdgrünen Umhang! Der hatte vielleicht Nerven! Doch dann fiel Mr. Dursley plötzlich ein, dass dies wohl eine verrückte Verkleidung sein musste – die Leute sammelten offenbar für irgendetwas ... ja, so musste es sein. Die Autoschlange bewegte sich, und ein paar Minuten später fuhr Mr. Dursley auf den Parkplatz seiner Firma, die Gedanken wieder bei den Bohrern.

Lesen trainieren – aus einem Jugendbuch vortragen

In seinem Büro im neunten Stock saß Mr. Dursley immer mit dem Rücken zum Fenster. Andernfalls wäre es ihm an diesem Morgen schwer gefallen, sich auf die Bohrer zu konzentrieren. *Er* bemerkte die Eulen nicht, die am helllichten Tage vorbeischossen, wohl aber die Leute unten auf der Straße; sie deuteten in die Lüfte und verfolgten mit offenen Mündern, wie eine Eule nach der andern über ihre Köpfe hinwegflog. Die meisten von ihnen hatten überhaupt noch nie eine gesehen, nicht einmal nachts. Mr. Dursley jedoch verbrachte einen ganz gewöhnlichen, eulenfreien Morgen. Er machte fünf verschiedene Leute zur Schnecke. Er führte mehrere wichtige Telefongespräche und schrie dabei noch ein wenig lauter. Bis zur Mittagspause war er glänzender Laune und wollte sich nun ein wenig die Beine vertreten und beim Bäcker über die Straße einen Krapfen holen.

Die Leute in der merkwürdigen Aufmachung hatte er schon längst vergessen, doch nun, auf dem Weg zum Bäcker, begegnete er einigen dieser Gestalten. Im Vorbeigehen warf er ihnen zornige Blicke zu. Er wusste nicht, warum, aber sie bereiteten ihm Unbehagen. Auch dieses Pack hier tuschelte ganz aufgeregt, und eine Sammelbüchse war nirgends zu sehen. Auf dem Weg zurück vom Bäcker, eine Tüte mit einem großen Schokoladenkringel in der Hand, schnappte er ein paar Worte von ihnen auf.
„Die Potters, das stimmt, das hab ich gehört …"
„… ja, ihr Sohn, Harry …"
Mr. Dursley blieb wie angewurzelt stehen. Angst überkam ihn.

a Wie wirkt der Text auf dich? Versuche, es möglichst genau zu beschreiben.

b Wie könntest du diese Stimmung in einem Lesevortrag ausdrücken?
Überlege, welche Stellen dafür besondere Bedeutung haben.
Probiere entsprechende Betonungen aus und wähle die beste Variante.

c Sicher bereiten dir einige Wörter oder Textstellen noch Schwierigkeiten.
Suche sie heraus und lies sie laut.

d In dem Text sind einige Wörter schräg gedruckt. Kannst du dir denken, warum? Berücksichtige sie, indem du sie beim Lesen besonders betonst. Trage dir weitere Lesehilfen ein. (Lege vorher eine Folie über den Text, wenn das Buch nicht dir gehört.)

e Übt das Vorlesen des Textes und tragt ihn euch dann gegenseitig vor.

Ihr könnt auch einen Mini-Vorlesewettbewerb veranstalten. Bildet Gruppen. Einigt euch, wer Gruppenvorleser wird. Dieser trägt den Text (oder einen Ausschnitt davon) ein- oder zweimal vor. Alle in der Gruppe achten genau darauf, dass die Leseregeln (S. 65, Rahmen oben) eingehalten werden. Sie geben Tipps und machen Verbesserungsvorschläge. Alle Gruppenvorleser tragen anschließend nacheinander der Klasse ihren Text vor. Eine unabhängige Jury (z. B. aus der Nachbarklasse) entscheidet, wer am besten vorgelesen hat. Wichtig ist, dass die Jury die Vorleseregeln gut kennt.

Lesen trainieren – aus einem Jugendbuch vortragen

7 a Hast du ein Lieblingsbuch? Stelle das Buch in einem Kurzvortrag vor.

→ S. 101: *Einen Kurzvortrag halten.*

b Wähle auch eine Textstelle aus, die sich zum Vorlesen eignet. Wenn es nicht der Anfang ist, erzähle ganz kurz, was bis dahin passiert ist. Denke daran, dass du die anderen auf das Buch neugierig machen willst.

Bei der Vorbereitung auf deinen Vortrag kannst du dich an den vorgeschlagenen Schritten im Rahmen von Aufgabe 4 auf S. 65 orientieren.

Falls dir nicht gleich ein Buch einfällt, aus dem du etwas vorlesen möchtest, dann versuche es mit den folgenden Büchern. Du findest sie sicher in der Bibliothek.

Ulli Schubert: Die Schulhoferpresser

Saskia, Nana, Torben und Stummel – das sind die rasenden Reporter der Schülerzeitung „Blitz". Ständig sind sie auf der Suche nach *der* Story und geraten dabei immer wieder auf die Spur von gemeinen Verbrechen.
In ihrem ersten Fall ist eines der Reporterkids selbst das Opfer: Stummel wird erpresst – er soll Schutzgeld bezahlen, damit sein neues Fahrrad nicht geklaut wird. Mit Peter, dem Redakteur der Stadtillustrierten, hecken die vier Freunde einen Plan aus, wie sie die Erpresser überführen können. Doch das ist schwieriger, als sie gedacht haben …

Andreas Schlüter: Level 4 – Die Stadt der Kinder

Ben liebt Computerspiele über alles, besonders seine Neuerwerbung „Die Stadt der Kinder". Doch irgendetwas läuft schief im vierten Level. Was eigentlich nur auf dem Bildschirm passieren sollte, wird plötzlich unheimliche Realität: Alle Erwachsenen verschwinden aus der Stadt. Zunächst sind Ben und seine Freunde begeistert, endlich können sie all das tun, was sie schon immer mal machen wollten. Doch dann begreifen sie langsam den Ernst der Lage …

8 Wenn du ein Buch zum Vorlesen suchst, kannst du dir schnell einen Überblick über den Inhalt des Buches verschaffen, wenn du das Cover betrachtest und den Klappentext liest.

Lesen trainieren – aus einem Jugendbuch vortragen

Auf dem **Buchcover** findest du den Buchtitel und den Autor. Das Bild darauf will dich zum Lesen verlocken. Außerdem erfährst du oft auch schon, wovon das Buch handelt.
Der **Klappentext** erzählt dir kurz, worum es in dem vorliegenden Buch geht.

a Lies die folgenden Buchtitel und Klappentexte laut vor und finde heraus, welche zusammengehören.

Peter Härtling „Ben liebt Anna"

Max von der Grün „Vorstadtkrokodile"

Scott O'Dell „Insel der blauen Delfine"

A Manchmal sagen Erwachsene zu Kindern: Ihr könnt noch gar nicht wissen, was Liebe ist. Das weiß man erst, wenn man groß ist. Das ist nicht wahr. Auch Kinder kennen Liebe und nicht nur die Liebe innerhalb der Familie. So geht es auch Ben und Anna, dem Aussiedlermädchen, das neu in die Klasse kommt. Ben und Anna haben sich eine Weile sehr lieb gehabt. Das ist schön, aber auch schwer …

B Das Krokodil ist das Erkennungszeichen der Bande. Nur wer eine gefährliche Mutprobe bestanden hat, darf es sich auf die Hose nähen. Auf einem verlassenen Ziegeleigelände haben die Krokodiler ihr Geheimquartier. Dort ist „Betreten verboten", und sie fühlen sich unbeobachtet und sicher. Doch eines Tages machen die Kinder eine überraschende Entdeckung …

C Auf einer von Kormoranen und See-Elefanten bevölkerten und von Delfinen umspielten Insel ist ein Indianermädchen als Einzige ihres Stammes zurückgeblieben. Im täglichen Überlebenskampf wird sie selbst immer mehr Teil der Natur und Freundin der Tierwelt. Lange Jahre abenteuerlichen Lebens vergehen, bis wieder ein menschliches Wort an das Ohr des Mädchens dringt …

b Welches Buch würdest du gern lesen? Begründe deine Meinung.

c Entwirf nun ein Cover für dein Lieblingsbuch. Gestalte es so, dass es andere zum Lesen anregt. Wenn ihr wollt, veranstaltet damit eine Ausstellung und wählt das Buchcover aus, das am besten gelungen ist.

9 Jedes Jahr gibt es einen großen Vorlesewettbewerb des Deutschen Buchhandels für alle 6. Klassen. Habt ihr Lust, euch daran zu beteiligen? Informiert euch über die Teilnahmebedingungen.

ℹ http://www.vorlesewettbewerb.de

Mit Gedichten umgehen

1 Sicher haben die meisten von euch schon einmal in ein Poesiealbum geschrieben oder besitzen selbst eines.

a Lest die folgenden Poesiesprüche laut vor. Welche gefallen euch, welche nicht? Begründet eure Antwort.

b Welche anderen Poesiesprüche kennt ihr?

c Überlegt, was man mit den Sprüchen ausdrücken will.

2 Die Sprüche in Aufgabe 1 sind kleine Gedichte und Gedichte haben bestimmte Merkmale. Kennt ihr schon einige davon?

Mit Gedichten umgehen

Ein **Gedicht** ist meist in Abschnitte untergliedert. Sie heißen **Strophen**, die einzelnen Zeilen der Strophe nennt man **Verse**.

Viele Gedichte werden durch **Reime** zum Klingen gebracht. Von einem Reim sprechen wir, wenn zwei Wörter am Ende gleich klingen.

Das Reimschema kannst du dir verdeutlichen, indem du jedem Vers einen Buchstaben gibst, Reime bekommen den gleichen Buchstaben.

Wenn sich zwei direkt aufeinander folgende Verse „paarweise" reimen, spricht man von einem **Paarreim**:

... Haus. ⌐a
... Maus. ⌐a   Paarreim
... Geld. ⌐b
... Feld. ⌐b

Wenn sich jeweils ein Vers mit dem übernächsten reimt, spricht man von einem **Kreuzreim**:

... Haus. ⌐a
... Feld. ⌐b   Kreuzreim
... Maus. ⌐a
... Geld. ⌐b

Aber Achtung: Nicht alle Gedichte sind gereimt.

3 a Bestimme das Reimschema der Poesiesprüche auf S. 72.

  b Finde den Paar- oder Kreuzreim auch in deinen eigenen Poesiesprüchen.

4 Es gibt eine besondere Form von lustigen Gedichten, die meist nur aus einem Paarreim bestehen, so genannte Schüttelreime. Hier siehst du zwei Beispiele:

Menschen mögen Möwen leiden,
während sie die Löwen meiden.

Was macht ihr mit der Fackel dort?
Wir treiben hier den Dackel fort.

  a Versucht herauszufinden, mit welchem Trick Schüttelreime gemacht sind.
     Schaut euch in jeder Zeile die Anfangsbuchstaben der letzten beiden Wörter genau an.

  b Welches Wort bzw. welche Wörter fehlen, damit Schüttelreime entstehen?

Ins Teppichhaus die Käufer laufen,
sie alle wollen ...

Der Schnee, den du in Flocken siehst,
mir unten in die ...

Es gibt so viele stumme ...,
doch häufiger sind dumme Stänker.

Es klapperten die Klapperschlangen,
bis ihre Klappern ...

5 a In dem folgenden Gedicht sind die Verse der Strophen 2, 3 und 4 durcheinander geraten. Kannst du Ordnung schaffen? Schreibe die Verse in der richtigen Reihenfolge auf.

Das Gedicht ist in Paarreimen geschrieben.
Suche nach den richtigen Paarreimen, dann kannst du die Verse leichter ordnen.

Die Made

1
Hinter eines Baumes Rinde
wohnt die Made mit dem Kinde.

2
den sie hatte, fiel vom Blatte.
einer Ameise als Speise.
Diente so auf diese Weise
Sie ist Witwe, denn der Gatte,

3
geh nicht aus, denk an Papa!"
Eines Morgens sprach die Made:
drüben gibt es frischen Kohl,
„Liebes Kind, ich sehe grade,
den ich hol. So leb denn wohl!
Halt, noch eins! Denk, was geschah,

4
und verschlang die kleine fade
hinterdrein; und das war schlecht!
Made ohne Gnade. Schade!
Made junior aber schlich
Denn schon kam ein bunter Specht
Also sprach sie und entwich. –

5
Hinter eines Baumes Rinde
ruft die Made nach dem Kinde …

Heinz Erhardt

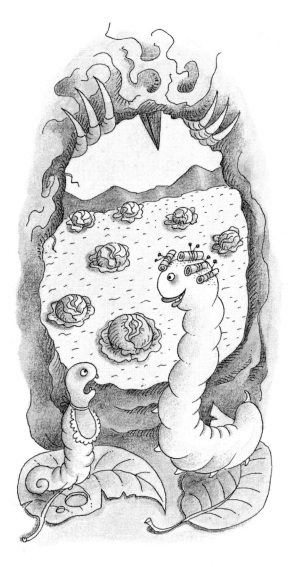

b Lest das Gedicht mit verteilten Rollen (Erzähler und Mutter Made). Überlegt, in welcher Stimmung Mutter Made ist. Schlüpft beim Sprechen wie ein Schauspieler in ihre Rolle. Achtet beim Lesen darauf, dass die Sätze manchmal länger sind als die Verse und ihr deshalb über das Ende der Verszeile „hinauslesen" müsst.

6 a Lies das folgende Gedicht laut vor.

Das Huhn und der Karpfen

1
Auf einer Meierei
da war einmal ein braves Huhn
das legte, wie die Hühner tun,
an jedem Tag ein Ei
5 und kakelte,
mirakelte,
spektakelte,
als ob 's ein Wunder sei.

2
Es war ein Teich dabei,
10 darin ein braver Karpfen saß
und stillvergnügt sein Futter fraß,
der hörte das Geschrei,
wie 's kakelte,
mirakelte,
15 spektakelte,
als ob 's ein Wunder sei.

3
Da sprach der Karpfen: „Ei!"
Alljährlich leg ich 'ne Million
und rühm mich des mit keinem Ton.
20 Wenn ich um jedes Ei
so kakelte,
mirakelte,
spektakelte,
was gäb 's für ein Geschrei."

Heinrich Seidel

b Worüber ärgert sich der Karpfen?

c In diesem Gedicht spielen Laute und Töne eine große Rolle. Versuche einmal, das Gezeter der Henne nachzuahmen.

d Nun lest das Gedicht noch einmal, diesmal mit verteilten Rollen.

7 Du hast gelernt, dass Gedichte durch Reime besonders klingen. Doch nicht immer reimen sich Gedichte. Ein Beispiel für ein kurzes Gedicht ohne Reime ist das so genannte „Elfchen". Damit kannst du leicht selbst zum Dichter werden.

Herbst
Winde rauschen
Die Blätter fallen
Und ich habe Geburtstag
Wunderbar
(Nastasja I., 13 J.)

Sommer
Ziemlich warm
Man kann baden
Oder auch Eis essen
Heiß
(Peter B., 13 J.)

Wie du ein Elfchen schreiben kannst

1. Zeile: 1 Wort	Beispiel:	*Jahreszeit / Monat*
2. Zeile: 2 Wörter		*Was passiert in diesem Monat / dieser Jahreszeit?*
3. Zeile: 3 Wörter		*Was verbindest du mit dieser Zeit?*
4. Zeile: 4 Wörter		*genauere Beschreibung / Satz mit „ich"*
5. Zeile: 1 Wort		*Abschlusswort*

a Überlege: Warum heißt das „Elfchen" so?

b Sammelt zunächst gemeinsam an der Tafel alles, was euch spontan zu den einzelnen Jahreszeiten einfällt. Manche der Stichwörter könnt ihr vielleicht in einem eigenen Elfchen verwenden.

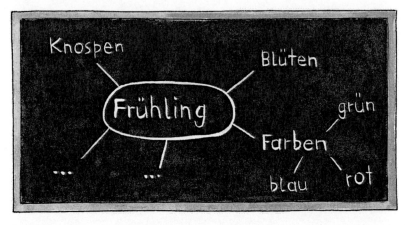

c Schreibt selbst ein Jahreszeiten-Elfchen. Tragt eure Gedichte in der Klasse vor.

d Versucht auszudrücken, welche Stimmungen von euren Gedichten ausgehen. Wer hat die Stimmung einer Jahreszeit besonders gut getroffen?

8 Die folgenden Texte beschäftigen sich auch mit einer Jahreszeit.

Septembermorgen

Im Nebel ruhet noch die Welt,
noch träumen Wald und Wiesen;
bald siehst du, wenn der Schleier fällt,
den blauen Himmel unverstellt,
herbstkräftig die gedämpfte Welt
in warmem Golde fließen.

Eduard Mörike

Der Sommer

Er trägt einen Bienenkorb als Hut, blau weht sein Mantel aus Himmelsseide, die roten Füchse im gelben Getreide kennen ihn gut. Sein Bart ist voll Grillen. Die seltsamsten Mären summt er der Sonne vor, weil sie 's mag, und sie kocht ihm dafür jeden Tag Honig und Beeren.

Christine Busta

a Ursprünglich wurde der Text auf der rechten Seite als Gedicht verfasst. Versuche, ihn wieder zurückzuverwandeln und als Gedicht aufzuschreiben.

Suche die Reimwörter.

b Beschreibe die Stimmungen, die von den Gedichten und den Bildern ausgehen. Findest du deine eigenen Erfahrungen und Erlebnisse mit den beschriebenen Jahreszeiten wieder (vgl. S. 76, Aufgabe 7b)?

c Vergleiche beide Gedichte miteinander. Welche „typischen" Merkmale von Gedichten erkennst du?

d Beim Lesen des Gedichts „Der Sommer" kann man sich eine Person vorstellen. Der Sommer trägt einen Hut, er summt ... Findest du noch mehr menschliche Eigenschaften des Sommers in diesem Gedicht?

e Überlege, wer die zweite „Person", die im Gedicht erwähnt wird, sein könnte? Welche menschlichen Eigenschaften hat sie?

> Wenn in einem Gedicht Jahreszeiten, Pflanzen oder Tiere menschliche Eigenschaften bekommen oder wenn sie handeln, wie das eigentlich nur Menschen tun, dann nennt man das **Personifizierung**. Das ist ein typisches Gestaltungsmittel in Gedichten.
> In vielen Gedichten finden auch **Vergleiche** aus der Natur und der Tierwelt Verwendung. Du erkennst sie daran, dass sie durch *wie* miteinander verknüpft werden, z. B.:
>
> *weiß wie Schnee, zart wie ein Pfirsich.*

9 a Lies das folgende Gedicht laut vor. Versuche beim Lesen, der Grundstimmung des Gedichts Ausdruck zu verleihen.

Ich hab es gesehn,
es schlich um das Haus.
Die Erde, sie bebte.
Doch wie sah es aus?

Es war groß wie ein Bär
und hässlich wie die Nacht.
Doch ich bin sehr mutig,
sonst hätt ich mich davongemacht.

Es hatte Haare wie Stricke
und Beine baumdick.
Seine Hände wie Krallen,
wie ein Stier das Genick.

Es glotzte mich an
mit Augen rot wie die Glut.
Jetzt aber nichts wie weg,
bevor 's mir was tut.

Ich hab es gesehn,
und nun ist es fort.
Die Luft – klar wie ein Spiegel.
Das Gewitter? An einem anderen Ort.

Simone Fischer

b Finde die Vergleiche heraus. Was sagen sie über das Gewitter aus?

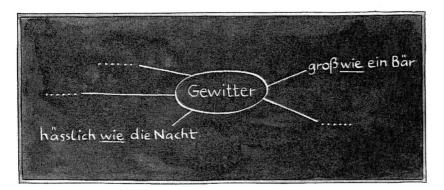

 10 Verfasst nun selbst Gedichte mit Vergleichen und Personifizierungen.
Ihr könnt auch in kleinen Gruppe arbeiten.

a Wählt ein Thema, z.B. Jahreszeiten, aus und sammelt in einem Brainstorming Ideen dazu.

b Überlegt, welche menschlichen Eigenschaften die handelnden „Personen" haben sollen.

c Sucht auch bildhafte Vergleiche, die dazu passen könnten.

11 Auswendiglernen ist wie Fitnesstraining fürs Gehirn.
Suche dir z. B. aus deinem Lesebuch ein Gedicht aus und lerne es auswendig.
Hier einige Tipps, damit es dir leichter fällt.

> **Wie du ein Gedicht auswendig lernen kannst**
>
> - Lies das Gedicht mehrmals, erst leise, dann laut.
> - Nimm dir die erste Strophe vor. Konzentriere dich auf den Text.
> - Sprich immer laut vor dich hin. Du kannst auch beim Laufen lernen.
> - Wenn du Musik magst, überlege dir eine passende Melodie zum Gedicht und singe es.
> - Lerne das Gedicht Strophe für Strophe und wiederhole regelmäßig im Bus, auf dem Schulweg, in der Badewanne, …, was du schon gelernt hast.
> - Stell dir vor, dass du vor großem Publikum auftrittst und viel Applaus bekommen möchtest. Sprich also klar und deutlich.

 S. 65: *Ein guter Lesevortrag.*

 Wir bereiten eine Gedichtausstellung vor

1. Projektidee

Wie wäre es, wenn ihr eine Ausstellung zum Thema *Jahreszeiten* durchführen würdet? Ihr könntet dabei z. B. eure Jahreszeiten-Elfchen zusammen mit Bildern aus dem Kunstunterricht ausstellen. Bei diesem Projekt bietet es sich an, mit der Kunstlehrerin/dem Kunstlehrer zusammenzuarbeiten. Falls ihr gern ein anderes Thema wählen wollt, einigt euch auf eins.

Folgende Fragen solltet ihr zunächst beantworten:
(1) Unter welchem Thema steht die Ausstellung?
(2) Wo und wann findet sie statt?
(3) Für wen ist sie gedacht?

Ihr könnt euer Klassenzimmer oder auch eine Wand des Schulfoyers verschönern. Vielleicht hat eure Schule auch einen Ort, an dem Schülerarbeiten regelmäßig ausgestellt werden. Fragt die Schulleiterin/den Schulleiter oder den Hausmeister, wo dies möglich ist.
Vom Ort der Ausstellung und dem euch zur Verfügung stehenden Platz hängt auch ab, wie groß die einzelnen Blätter, die ihr beschriften und bemalen wollt, sein dürfen.

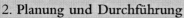

2. Planung und Durchführung

Ihr könnt folgendermaßen vorgehen:
1. Wählt bereits geschriebene Gedichte aus, die zu eurem Thema passen.
2. Sammelt Ideen zu neuen Gedichten. Statt der Elfchen könnt ihr auch andere Gedichtformen ausprobieren. Verschiedene Reimschemata habt ihr ja bereits kennen gelernt.
3. Tauscht im Kunstunterricht Gedichte untereinander aus. Jeder malt ein Bild zu einem Gedicht, das ihm besonders gefällt. Ihr könnt auch passende Fotos suchen oder Collagen kleben.
4. Schreibt eure Gedichte sorgfältig mit großer Schrift auf einen Bogen Papier.

Projekt: Wir bereiten eine Gedichtausstellung vor | 81

 Hier könnt ihr auch den Computer zu Hilfe nehmen. Überlegt:
Wollt ihr bunte Blätter nehmen? Welche Farben passen zu eurem Thema?

3. Projektpräsentation

Hängt ein Bild und ein oder mehrere dazugehörige Gedichte nebeneinander auf. Natürlich können auch mehrere Bilder ein Gedicht umrahmen. Ihr könnt auch Bildunterschriften anfertigen. Vergesst nicht, das Thema der Ausstellung auf einem Extrabogen anzukündigen.

Wie wäre es, wenn ihr eure Ausstellung feierlich eröffnen würdet?
Einige von euch haben vielleicht Spaß am Vortrag von Gedichten.

- Stellt in Gruppen jeweils ein kleines Programm von wenigen Gedichten zusammen, die ihr vortragen wollt. Jeder aus der Gruppe sollte ein Gedicht bestimmen können. Achtet darauf, dass eure Dichterlesung insgesamt nicht länger als 20 Minuten dauert.
- Übt einzeln, zu zweit oder in kleinen Gruppen, die Gedichte, die ihr selbst geschrieben habt, wirkungsvoll vorzutragen. Natürlich ist es auch eine tolle Leistung, Gedichte von bekannten Dichtern gut darzubieten.
- Probt euer Programm, indem ihr es zunächst vor der Klasse vortragt. Macht gegenseitig Verbesserungsvorschläge.

 S. 25: *Profi-Tipps fürs Schauspielern.*

Sachtexten Informationen entnehmen

1 a Überlegt gemeinsam, was die hier aufgeführten Textarten gemeinsam haben.

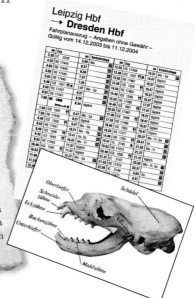

Odontologie [grch], Lehre von den Zähnen. In der paläontolog. und paläanthropolog. Forschung werden nach Zähnen und Kieferbruchstücken Rekonstruktionen des Schädels und seine Zuordnung zu einer best. Menschenform oder Tierart vorgenommen.

Odra, poln. Name der → Oder.

Odyssee *die*, Epos von → Homer (→ Odysseus).

Odysseus, grch. **Odysseus,** lat. **Ulixes,** grch. Mythos: König von Ithaka, Gemahl der Penelope und Vater des Telemach; er galt als tapfer, klug und verschlagen. Auf seinen Rat wurde im Trojan. Krieg das hölzerne Pferd erbaut, mit dem Troja erobert wurde. Seine Irrfahrten und seine Heimkehr nach dem Fall Trojas schildert die **Odyssee.**

b Sicher habt ihr schon selbst Situationen erlebt, in denen ihr Informationen benötigt habt. Welche Situationen waren das?

c Tragt zusammen, wo und wie ihr euch Informationen beschaffen könnt. Denkt an Orte, Personen, Medien und Textarten.

Sachtexte sind Texte, die dich über ein Thema informieren. Sie dienen also der **Informationsbereitstellung** und **Wissensvermittlung.** Im Unterschied zu literarischen Texten haben sie einen klar erkennbaren und nachweisbaren Bezug zur Wirklichkeit.

 S. 91: *Informationen sammeln.*

Wie du einen Sachtext nach der 5-Gang-Lesetechnik lesen kannst

1. Überfliege den Text.
2. Stelle Fragen an den Text.
3. Lies den Text gründlich.
4. Fasse das Wichtigste zusammen.
5. Lies den Text noch einmal.

2 a In einer Biologiestunde taucht die Frage auf, wie sich die Samen von Pflanzen verbreiten. Ihr sollt Informationen darüber einholen.
Ist der folgende Text geeignet, die Frage zu beantworten?
Lies ihn nach der 5-Gang-Lesetechnik.

Der Weg der Samenpflanzen

Freier Boden bleibt nie lange unbesiedelt. Innerhalb weniger Tage keimen Pflanzen und bedecken ihn unter günstigen Bedingungen bald völlig. Auch wenn die Erde zur Abtötung aller Samen hitzesterilisiert wurde, kommen irgendwoher neue Samen und keimen aus. Pflanzen haben nämlich sehr wirksame Wege zur Samenverbreitung gefunden. Einige Pflanzen besitzen „Samenkatapulte". Die Samen werden in alle Richtungen davongeschleudert, wenn eine während des Wachstums des Samenbehälters aufgebaute Spannung plötzlich nachlässt. Die Hülsen von Hülsenfrüchtlern platzen z.B. auf, wenn die Sonne sie ausgetrocknet hat. Die Kapseln des drüsigen Springkrauts „explodieren", wenn sie berührt werden. Die Explosion kann durch den Wind oder ein vorbeistreifendes Tier ausgelöst werden. Bei manchen Pflanzen schleudern die aufgeplatzten Hülsen die Samen weit von sich. Bei anderen sind Samen oder Früchte flug- oder schwimmfähig und werden vom Wind oder von Wasserströmungen davongetragen. Windverbreitete Samen müssen klein und leicht sein, damit sie sich eine Weile in der Luft halten können, wenn ein Windstoß sie davonwirbelt. Fährt der Wind z.B. in den Fruchtstand einer Distel, so können die Früchte mit dem Samen hoch in die Luft getragen und weit verbreitet werden. Ein Beispiel für die wasserverbreiteten Samen ist die Lotosblume. Ihre Samen reifen in einem abgeflachten, vom Blütenboden gebildeten Becher heran. Die reifen Samen fallen ins Wasser und treiben davon. Lotossamen sind sehr langlebig. Es sind Fälle bekannt, in denen sie noch nach 200 Jahren ausgekeimt sind. Auch Tiere und Menschen tragen ihren Teil zur Samenverbreitung bei. So gibt es viele Früchte mit Haken und Dornen („Kletten"), die sich im Fell oder in der Kleidung verfangen. Werden diese „Kletten" abgestreift oder abgekratzt, fallen ihre Samen zur Erde und keimen dort. Auch gibt es Pflanzen mit Samen, die sich im Inneren schmackhafter Beeren entwickeln. Obwohl die Beeren gefressen werden, passieren die Samen den Verdauungstrakt der Tiere unbeschadet und werden mit dem Kot verbreitet.

b Welche Wörter hast du im Lexikon oder Wörterbuch nachgeschlagen? Sind Begriffe im Text, deren Bedeutung dir noch unklar ist?

c Der Text ist noch nicht gegliedert. Prüfe, an welchen Stellen deiner Meinung nach ein Absatz sinnvoll wäre. Begründe deine Meinung.
Welche Überschriften könnten die einzelnen Abschnitte bekommen?

3 Oft kannst du Informationen aus Texten übersichtlicher ordnen, wenn du eine Tabelle anlegst.

a Schreibe die verschiedenen Möglichkeiten der Samenverbreitung, die im Text (Aufgabe 2) erklärt wurden, untereinander in die linke Spalte und notiere rechts daneben die im Text genannten Beispiele.

Möglichkeiten der Samenverbreitung	Beispiele
...	...

! Im Text werden fünf verschiedene Möglichkeiten aufgeführt.

b Ergänze die Tabelle. Überlege, wie du weitere Informationen beschaffen kannst.

S. 91: *Informationen sammeln*.

c Fasse die Informationen, die du in der Tabelle festgehalten hast, nun in kurzen Sätzen zusammen und teile sie der Klasse mit.

4 a Informationen aus Texten kann man nicht nur in Tabellen zusammenstellen, sondern z. B. auch in Schaubildern. Sieh dir das folgende Schema genau an.

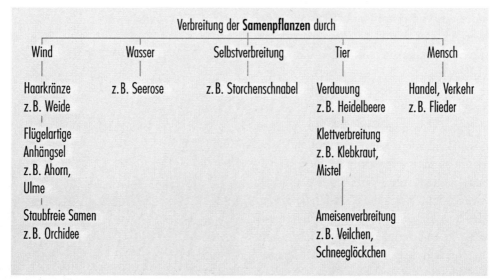

Sachtexten Informationen entnehmen 85

Wenn du Informationen für andere übersichtlich und anschaulich darstellen willst, bietet sich ein **Schaubild** an. Solch eine Darstellung kannst du auch auf einer Folie oder als Kopiervorlage für einen Kurzvortrag verwenden.
Zum Erstellen des Schaubilds kannst du den Computer benutzen. Es gibt spezielle Programme dafür, z. B. ClipArt in deinem Textverarbeitungsprogramm Word, Powerpoint und andere.

 S. 101: *Einen Kurzvortrag halten.*

b Vergleiche den Text (Aufgabe 2) und das Schaubild. Welche zusätzlichen Informationen enthält das Schaubild? Ergänze die Beispiele in deiner Tabelle (Aufgabe 3).

Lesetechniken

5 Nicht immer ist ein Text durch Zwischenüberschriften, an denen du dich gut orientieren kannst, gegliedert.
Beim Überfliegen von Texten – man nennt das auch orientierendes Lesen – kannst du verschiedene Lesetechniken anwenden. Mit ihrer Hilfe verschaffst du dir schnell einen Überblick über den Inhalt eines Textes.

a Sieh dir die folgenden Abbildungen genau an.

Diagonallesen   Slalomlesen   Zickzacklesen

b Beobachte dich selbst. Welche der Lesetechniken benutzt du häufig unbewusst zum Überfliegen von Texten oder Zeitungsseiten?

6 a In dem folgenden Text erfährst du, wie sich die Löwenzahnblume verbreitet. Prüfe den Text unter dieser Fragestellung möglichst schnell durch orientierendes Lesen. Verwende die Technik „Diagonallesen" oder „Slalomlesen". Nenne die Zeilen, die Antwort auf die Frage geben.

Vom Winde verweht

Einer alten Regel zufolge kann man die Tageszeit daran erkennen, wie oft man pusten muss, um alle Samen einer Pusteblume wegzublasen. Ob
5 dies nun stimmt oder nicht, eins ist sicher: Das Pusten dient der Verbreitung der Pflanze.

Die Löwenzahnblume – der Name der Pflanze rührt von den scharf ge-
10 zackten Blättern her – ist wie die Sonnenblume ein aus vielen winzigen Einzelblüten bestehender Blütenkopf. Jede einzelne Blüte bringt eine Frucht hervor und das passiert so:
15 Die Löwenzahnblume öffnet sich am Morgen und schließt sich wieder am Nachmittag oder bei Regen. Nachdem sich der Blütenkopf (die Blume) einige Tage lang geöffnet und ge-
20 schlossen hat und während dieser Zeit bestäubt wurde, schließt er sich, die Samenentwicklung beginnt. Allmählich verwelken die gelben Zungenblüten. Der Pappus, der kleine Haar-
25 kranz am oberen Ende einer jeden Frucht, wird größer. Der „Fallschirm" entwickelt sich.
Eine „Pusteblume" öffnet sich nur bei trockenem Wetter. Zunächst sind
30 die Pappushaare noch zusammengedrückt. Doch wenn sich die Hochblätter am Rand des Fruchtstandes zurückbiegen, entfalten sich die Fallschirmchen. Wenn es windstill ist,

Der geöffnete Blütenkopf „wartet" auf vorüberfliegende Insekten als Bestäuber.

Vollständig geöffneter Fruchtstand.

können die Früchte einige Tage am Fruchtstand verbleiben. Dies ist eine gefährliche Zeit, weil Samen fressende Vögel, z.B. Distelfinken, sie dann abpicken können. Schon beim leisesten Windhauch heben die Fallschirmchen ab. Sie können ganz in der Nähe niedergehen, doch bei entsprechend großem Auftrieb können sie weite Strecken fliegen. Ist eine Frucht gelandet, braucht sie den Fallschirm nicht mehr; er bricht ab. Über Winter dringt der Same dann in die Erde ein und „wartet" dort auf das nächste Frühjahr. Dann keimt er aus.

Wie beim Löwenzahn werden die Samen auch bei vielen anderen Korbblütlern, z.B. bei Habichts- und Kreuzkräutern und bei Disteln, vom Wind verbreitet. Die Früchte einiger dieser Pflanzen besitzen „Fallschirme", andere wiederum feine, nach allen Seiten abstehende Haare, die eine flauschige Kugel bilden. Viele dieser Pflanzen können lästig werden, da sie rasch freie Flächen in Gärten und auf Äckern besiedeln.

Die winzigen Löwenzahnfrüchte werden vom Wind davongetragen.

b   In welchem der drei Abschnitte findest du die meisten Informationen zur Verbreitung der Samen? Wozu dienen die anderen beiden Abschnitte? Könnte man für die Beantwortung der Frage „Wie verbreitet sich die Löwenzahnblume?" auf sie ganz oder teilweise verzichten?

c   Bilde zu jedem Abschnitt eine Teilüberschrift.
    Schreibe das Wesentliche jedes Abschnitts in Stichpunkten darunter.

d   Welche Funktion haben die Bilder und Bildunterschriften? Würdest du bei einem Kurzvortrag zu diesem Thema solche Bilder verwenden? Begründe deine Antwort.

e   Erkläre mithilfe deiner Notizen, wie die Verbreitung der Löwenzahnsamen erfolgt.

7 a Viele Gärtner ärgern sich über Löwenzahn. Er ist als Unkraut nur schwer zu beseitigen. Schau dir diesen Steckbrief an und finde heraus, ob der Löwenzahn auch nützlich für Menschen und Tiere sein kann.

Steckbrief: Löwenzahn

Wissenschaftlicher Name:	Taraxacum officinale
Verwendete Pflanzenteile:	Blätter, Blüten, Wurzel
Inhaltsstoffe:	Bitterstoffe, Vitamine, Mineralstoffe
Nutzpflanze:	Milchfutter für Kühe, Mastfutter für Schweine, Futter für Stallhasen und Kaninchen, Futter für junge Gänse und Hühner
Nahrungsmittel:	jung als Gemüse in Salaten, Kräuterquark, Suppen und Tee
Heilwirkung:	chronische Gelenkerkrankungen und Hautleiden, Leber- und Gallenleiden, Nierensteine, Wassersucht; blutreinigend
Sammelzeit:	Blätter und Blüten im Frühling, Wurzeln im Frühling oder Spätherbst

b Informiere deine Klasse mit eigenen Worten darüber, welchen Nutzen der Löwenzahn Menschen und Tieren bringt.

c Bearbeite den folgenden Text und verfasse einen ähnlichen Steckbrief.

Die Brennnessel

Es gibt Pflanzen, die wir nicht so gerne im Garten stehen haben, obwohl sie durchaus nützlich sind, die Brennnessel (Urtica dioica) zum Beispiel. Es gibt
5 wohl kaum Menschen, die nicht früher oder später die Bekanntschaft mit ihren brennenden Eigenschaften machen. Daher wird sie auch gern gemieden, obwohl sie als wichtige Heilpflanze eigentlich
10 einen Ehrenplatz in jedem Garten haben sollte. Sie gehört zu den bekanntesten Kräutern in unseren Breiten. Von März bis August wird das Kraut und im Frühherbst der Samen gesammelt. Diese beinhalten unter anderem Nesselgifte, 15 Vitamine und Mineralien.
Viele Menschen trinken die Brennnessel als Tee, essen sie im Salat und in der Suppe. Sie hat blutreinigende Wirkung, fördert den Stoffwechsel und den Haar- 20 wuchs. Außerdem hilft sie bei Erkrankungen der Harnwege und bei Rheuma. Brennnesseln wachsen fast überall. Sie sind ausdauernd und anspruchslos.

Schreibe: Steckbrief: Brennnessel

Wissenschaftlicher Name: …   Verwendete Pflanzenteile: …
Inhaltsstoffe: …   Verwendung: …   Heilwirkung: …

Sachtexten Informationen entnehmen   89

8 a Lies den folgenden Text unter der Fragestellung:
Was heißt „vegetative Vermehrung"? Welche Beispiele gibt es dafür?

Alle blühenden Pflanzen vermehren sich über ihren Samen. Deshalb blühen die Pflanzen. Die Blüte ist ein sehr spezialisierter Teil der Pflanze. Sie hat die wichtige
5 Aufgabe, männliche und weibliche Zellen, den Pollen, die Samenanlage und den Fruchtknoten auszubilden. Die Samenanlage entwickelt sich nach der Befruchtung zum Samen, der auf die unterschiedlichste
10 Weise verbreitet wird. Dies nennt man geschlechtliche Vermehrung.   *a) geschlechtliche Vermehrung*

Einige Pflanzen können sich aber auch auf einem anderen Weg fortpflanzen. Dieser Weg heißt die ungeschlechtliche
15 (vegetative) Vermehrung.   *b) vegetative Vermehrung*

Die Quecke bildet z. B. lange unterirdische Ausläufer, aus denen ein neuer Trieb wächst.   *Beispiele:*
Diese Triebe nennt man Wurzelsprosse.   • *ober- und unterirdische*
Die Sprossachse der Erdbeere entwickelt   *Ausläufer*
20 oberirdische Ausläufer. Andere Pflanzen   • *unterirdische Vorratslager*
legen sich unterirdische Vorratslager an, die   • *Blattknospen*
dann gleichzeitig der Vermehrung dienen.
Die Kartoffeln sind Stärkelager der Pflanze und heißen Sprossknollen. Die Zwiebeln
25 der Narzissen sind Speicherorgane und der Krokus bildet auch eine Art Vorratslager aus.
Manche Pflanzen entwickeln Blattknospen,   *z. B.?*
die einfach abfallen und dann im Boden festwachsen.

b Dieser Text wurde bereits mit Markierungen, Randnotizen und Anmerkungen versehen. Inwiefern helfen sie dir, den Text besser zu erfassen?

Wie du Informationen aus Sachtexten entnehmen kannst

Um das Wesentliche eines Sachtextes zu erfassen, musst du unterscheiden:
– Will ich das Wichtigste des **gesamten Textes** erfassen?
– Will ich nur **bestimmte Informationen** in Bezug auf eine konkrete Fragestellung herausfinden?

Das Wichtigste des gesamten Textes erfassen	Bestimmte Informationen aus einem Text entnehmen
1. Lies den gesamten Text gründlich und kläre dir unbekannte Wörter. 2. Kennzeichne die wichtigsten Informationen, indem du sie verschiedenartig oder mit verschiedenen Farben unterstreichst oder mit einem Textmarker hervorhebst. Mach am Textrand Anmerkungen (Pfeile, Striche, Ausrufezeichen, …) oder Randnotizen. 3. Schreibe die wichtigsten Informationen heraus.	1. Überfliege den gesamten Text und suche die Textstellen heraus, die Informationen zu deiner Fragestellung enthalten. 2. Lies diese Stellen gründlich. 3. Kennzeichne die in Bezug auf die Fragestellung wichtigsten Informationen. 4. Schreibe diese Informationen heraus.

Die wichtigsten Informationen eines Textes kannst du auf verschiedene Weise festhalten, z. B.:
– in Form von Stichworten,
– in Form von Teilüberschriften,
– in Form einer Mindmap,
– in Form einer Tabelle,
– in Form eines Schaubilds,
– wörtlich.

Versuche sparsam mit deinen Unterstreichungen zu sein. Zu viel Unterstrichenes wird leicht unübersichtlich. Enthält ein Text überwiegend wichtige Informationen, so kannst du auch das Unwichtige wegstreichen.

 S. 93, 95: *Quellenangaben.*

Mit Nachschlagewerken umgehen

Informationen sammeln

Mit Nachschlagewerken umgehen

1   Bei einem Bibliotheksbesuch sollten die Schüler der Klasse 6 c Antworten
    auf folgende Fragen finden:
    – Was sind Hormone?
    – Welche Nachbarländer hat Spanien?
    – Wer war Jack London?
    – Welche Aufgaben hat die menschliche Niere?

a   Welches der Nachschlagewerke könnte ihnen bei der Suche helfen?

b   Kannst du noch andere Bücher zu Rate ziehen?

2   Du kannst prüfen, ob ein Buch etwas zum gewünschten Thema enthält, indem du
    das Inhaltsverzeichnis durchsiehst.
    Welche Überschriften im folgenden Inhaltsverzeichnis lassen darauf schließen, dass
    etwas zum Thema „Aufgaben der menschlichen Niere" gesagt wird?

 Die Seitenzahlen lassen erkennen, wie umfangreich ein Thema dargestellt wird.

Juniorwissen: Der Mensch		Herz und Blutkreislauf	40
		Das System der Lymphe	46
INHALT		Die Atmung	48
		Hormone	52
Einleitung	10	Ernährung und Verdauung	54
Die Entwicklung des Menschen	12	Die Niere	64
Unser Körper auf einen Blick	20	Die Nerven	66
Die Zelle	22	Das Gehirn	70
Unser Knochengerüst	26	Die Augen	74
Die Gelenke	30	Die Ohren	78
Die Muskeln	34	Der Geruchs- und Geschmackssinn	81
Das Blut	38	Die Haut	84

Informationen sammeln

3 Viele Bücher haben am Ende ein Stichwortverzeichnis, das auch Register genannt wird. So auch das Buch „Mein Körper. Entdecken, beobachten, bestimmen und verstehen" aus der Reihe „Naturführer für Kinder".
Unter welchen Stichwörtern würdest du nachlesen, wenn du eine Antwort auf die Frage „Welche Aufgaben hat die menschliche Niere?" suchst?

Register

Adrenalin 40
After 34
Allergien 53
Aorta 24
Arterien 26
Atmung 28–29
Augen 37, 46–47
Augenhaut, harte 46
Ausscheidungen 31
Axon 38, 39

Babys 56–57
Bänder 22
Bakterien 42
Ballaststoffe 30
Bauchnabel 57
Bauchspeicheldrüse 40
Beine 10
Berührung 16, 37, 54–55
Blase 41
Blindenschrift 55
Blut 24, 26–28

Därme 11, 34, 43
Dendriten 38–39
Dezibel 49
Drüsen 40–41

Eierstöcke 40
Energie 15, 30
Ernährung 15, 30–31, 34–35
Erwachsenwerden 58–59
Essen 30–31

Fette 30

Fingerabdrücke 17
Fontanelle 23

Gebärmutter 56
Gehirn 10, 36–37
Gelenke 22
Gene 56
Geräusche 48–49
Gerüche 51, 52–53
Geschmack 37, 50–51
Gesundheit 14–15
Gleichgewicht 48

Haare 18–19
Haut 8, 16–17, 54–55
Herz 11, 21, 24–26
Hoden 41
Hormone 26, 40–41
Hygiene 43

Insulin 40
Iris 49

Kalorien 31
Kapillaren 26
Keime 14, 41–43
Keratin 18–19
Kieferknochen 32
Knochen 22–23
Knochenmark 23
Knorpel 23, 53
Kohlehydrate 15, 30
Kohlendioxid 28
Kommunikation 12–13
Kopfschmerzen 14
Krampf 21

Leber 11, 34
Luftröhre 28, 35, 44
Lungen 10–11, 28–29
Lymphe 42

Magen 10–11, 34–35
Melanin 16, 18
Milch 31
Mineralien 30
Muskeln 11–13, 20–21, 35, 38

Nabel 57
Nabelschnur 57
Nägel 18–19
Nährstoffe 30
Nase 52–53
Nerven 11, 36–39
Netzhaut 46–47
Nieren 31, 41

Oberhaut 17
Ohren 13, 37, 48–49
Organe 10–11, 21

Plasma 27
Plättchen 27
Proteine 30
Pubertät 53
Puls 25

Reflexe 38–39
Rippen 28
Rückenwirbel 23

Samen 56
Sauerstoff 24, 26, 28–29
Schädel 23, 36

Schlaf 14–15, 37
Schluckauf 29
Schmerz 54
Schnecke 46
Schweiß 17
Sehen 37, 46–47
Skelett 22–23
Sonnenbräune 16
Speichel 33
Speiseröhre 34
Sprache 44, 51
Stethoskop 25
Stimmbänder 44

Temperatur 14, 16–17, 55
Träume 37

Urin 31, 41

Venen 26–27
Ventrikel 36
Verdauung 34–35
Virus 42
Vitamine 15–30

Wasser 11, 31
Wasserdampf 29
Wirbelsäule 23
Wunden 27

Zähne 32–33
Zellen 11, 56
Zellkern 39
Zunge 37, 50–51
Zwerchfell 29
Zwillinge 57

Mit Nachschlagewerken umgehen 93

4 Auch der Klappentext – das ist eine kurze Inhaltsangabe (meist auf der Rückseite des Buches) – ist eine gute Hilfe, um festzustellen, ob ein Buch Aussagen zu einem bestimmten Thema enthält.
Lies den folgenden Klappentext. Meinst du, dass das Buch wichtige Informationen zur Frage „Aufgaben der menschlichen Niere" enthält? Begründe deine Meinung.

> **Das große Buch der Naturmedizin**
>
> *Alte und neue Heilmethoden und ihre Anwendung*
>
> Wenn es um ihre Gesundheit geht, vertrauen immer mehr Menschen auf natürliche Heilverfahren, die oft eine sinnvolle und preiswerte Alternative zur schulmedizinischen Behandlung bieten ohne Nebenwirkungen.
> In diesem Buch werden alte und neue Methoden der Naturheilkunde verständlich und praxisnah dargestellt; gezeigt wird, wie man Krankheiten und Beschwerden mit natürlichen Mitteln selbst behandeln kann und wie sich durch eine angemessene Lebensweise Gesundheit und Wohlbefinden erhalten lassen.

5 Du hast das richtige Buch gefunden und möchtest ein paar Sätze, die dir besonders wichtig sind, herausschreiben.

> Beim **Herausschreiben von Sätzen aus Büchern** musst du beachten, dass du diese in Anführungszeichen setzt. Außerdem solltest du die **Quelle des Zitats**, d. h. das Buch, aus dem die Sätze entnommen sind, **angeben**. Dazu benötigst du den Namen und Vornamen des Autors, den Titel des Buches und die Seite, z. B.:
>
> *Härtling, Peter: Ben liebt Anna. S. 27.*

a Suche ein Buch, in dem du Informationen zu den Aufgaben der menschlichen Niere erhälst. Übernimm daraus fünf Sätze wörtlich und notiere die Quelle.

b Am Ende dieses Lehrbuchs findest du ein Quellenverzeichnis aller Texte.
Woher stammt der Text auf S. 63?

6 Besorgt euch Telefonbücher, verschiedene Versandhauskataloge, Stadtführer, Fahrpläne, Wörterbücher u. Ä. und organisiert eine Rallye durch die Nachschlagewerke.
Erarbeitet in Gruppen zu jedem Nachschlagewerk fünf Fragen. Schreibt diese auf. Verteilt die Bücher mit den dazugehörigen Fragen auf einzelne Stationen. Nun beginnt die Rallye. Jeder Schüler bestimmt selbst, wo er beginnen möchte. Pro richtige Antwort gibt es einen Punkt. Wer wird der Rallyechampion?

Im Internet Informationen suchen

1 a Lies den folgenden Text.

Das umfassendste Lexikon der Welt ist das Internet. Viele Menschen stellen ihr Wissen in das World Wide Web (www) und jeder kann darauf zurückgreifen. Aber im Internet kann man nicht nur Informationen suchen. Du kannst dich auch mit anderen unterhalten (chatten), E-Mails senden, spielen, Waren kaufen und verkaufen, Bilder ansehen und virtuelle Museen besuchen.

Millionen Menschen nutzen das Internet täglich. Um sich im Internet zurechtzufinden, kann man Suchmaschinen und Webkataloge benutzen. Hier gibt man einen Begriff in die Suchmaske ein und sofort werden tausende von Seiten durchforstet. Das Ergebnis kannst du dir dann anschauen.

b Schreibe in Stichpunkten heraus, welche Möglichkeiten das Internet bietet.

S. 82: *5-Gang-Lesetechnik*.

c Schau dir die Kindersuchmaschine http://www.blinde-kuh.de genauer an.
Zu welchen Themen und Sachgebieten findest du hier etwas?

2 a Sicherlich kennt ihr noch andere Suchmaschinen. Tauscht euch darüber aus.

b

 Welche Informationen bietet dir diese Seite der Google-Suchmaschine?
Wo findest du die folgenden Angaben:
– die Anzahl der gefundenen Seiten,
– verschiedene Webadressen,
– vertiefende Informationen zum Inhalt der gefundenen Seiten?

c Öffne einige der gefundenen Seiten. Welche gefallen dir besonders gut?
Achte auf Gestaltung, Übersichtlichkeit und Informationsgehalt.

Im Internet Informationen suchen

3 Du hast gefunden, was du gesucht hast, und möchtest die Internetseiten speichern. Wenn du die rechte Maustaste drückst, öffnet sich ein Fenster. Dort klickst du auf „Speichern unter …". Wähle einen Ordner auf der Festplatte aus, wohin du die Seiten abspeichern willst. Sind sie auf deinem Computer gespeichert, kannst du weiter damit arbeiten, ohne das Internet zu nutzen.

a Probiere es einmal selbst aus, indem du die Internetseite http://www.GEOlino.de öffnest. Klicke zuerst auf die Schaltfläche „Menschen und Länder", dann auf das GEOlino-Archiv „Menschen und Länder im Überblick" in der rechten Spalte. Suche danach den Beitrag „Henry, der Cowboy im Nirgendwo". Du findest darin interessante Informationen über Henry aus Australien.

b Speichere diese Seiten auf der Festplatte deines Computers ab.

c Lies den Text und vergleiche Henrys Schulalltag mit deinem. Schreibe entsprechende Stichpunkte aus dem Text heraus.

> Wenn du Informationen und Textstellen aus Internetseiten abschreibst, musst du dir, wie bei Büchern auch, die **Quellenangabe** notieren.
> Sie sollte möglichst den Namen und Vornamen des Verfassers, den Titel und Untertitel des Beitrags, die Angabe „Online im Internet" sowie die Internetadresse und das Abrufdatum enthalten, z. B.:
>
> *Wörtz, Tilmann: Spielen statt dealen. Online im Internet:*
> *http://www.geo.de/GEOlino/menschen_laender/archiv [Abrufdatum: 15.07.04]*

 S. 93: *Quellenangabe bei Büchern.*

d Schreibe aus dem GEOlino-Artikel über Henry eine Textstelle wörtlich heraus, die dich besonders beeindruckt hat. Denke dabei an die Anführungszeichen. Stelle die Quellenangabe zusammen und schreibe sie darunter.

Informationen sammeln

 Wir feiern erzgebirgische Weihnachten

Das Erzgebirge ist weithin als das „Weihnachtsland" bekannt. In der Weihnachtszeit leben dort viele alte Bräuche und Traditionen wieder auf. Wie wäre es, in der Klasse oder in der Schule eine typische erzgebirgische Weihnachtsfeier zu gestalten?

1. **Projektidee**

   Folgende Fragen sollten zunächst durchdacht werden.
   (1) Welche speziellen Bräuche und Traditionen sollen eine Rolle spielen?
   (2) Wann und wo soll die Weihnachtsfeier stattfinden?
   (3) Wie soll die Feier ablaufen?
   (4) Wen wollt ihr dazu einladen?

2. **Planung und Durchführung**

   • Schaut euch folgende Mindmap an. Übertragt sie auf ein Poster und ergänzt sie.

- Im Internet könnt ihr unter folgenden Webadressen viele interessante Informationen über erzgebirgische Weihnachten erhalten:
  http://www.erzgebirge-ganznah.de
  http://www.tira.de/tira/infos/erzgebirge/weihnach.htm

- Informiert euch darüber, was ein *Schwibbogen*, was *Mettenschicht* bedeutet und was alles zum *Neunerlei* gehört. Gibt es noch mehr Begriffe, unter denen ihr euch nichts vorstellen könnt? Sucht die Antworten in Nachschlagewerken und im Internet.

- Beratet nun gemeinsam, welche Aufgaben es zu verteilen gibt und wer was übernimmt.

Was?	Wer?	Bis wann?
- Weihnachtsschmuck mitbringen (Omas und Opas fragen)		
- Lieder auswählen (Bibliothek)		
- Neunerlei kochen (Ist das in der Schule möglich?)		
- Gedichte aufsagen (Wer kann die Mundart sprechen?)		
- Geschichten vorlesen		

3. Projektpräsentation

Zeigt euren Gästen, was ihr vorbereitet habt und erzählt ihnen, was ihr alles über das erzgebirgische Weihnachtsland wisst. Bereitet auch ein kleines Quiz vor.

4. Projektauswertung

Tauscht euch darüber aus, was euch bei der Durchführung des Projektes gefallen hat und was ihr verändern würdet.

Einen Text überarbeiten

> Du weißt, wie du beim **Schreiben eines Textes** vorgehen kannst:
>
> 1. Du brauchst eine **Idee**.
>   S. 42: *Kreatives Schreiben*.
> 2. Du sammelst **Material**. Dabei helfen dir Brainstorming und Mindmap.
> 3. Du schreibst einen ersten **Entwurf**.
> 4. Du fertigst eine **Überarbeitung** deines Textes an. Dabei kannst du alleine oder mit deinen Mitschülerinnen und Mitschülern in einer Schreibkonferenz arbeiten.

1 Benjamin hat beim Blättern in alten Schulheften einen Text gefunden, den er in der 5. Klasse geschrieben hat. Eigentlich findet er ihn immer noch recht gut gelungen. Einige Stellen würde er aus heutiger Sicht überarbeiten.

a Lest den Text und tauscht euch darüber aus, was besonders gut gelungen ist.

Wer bin ich?

Gerade als ich darüber nachdachte, kam meine Mutter herein und wollte mir klar machen, dass ich eine „Arbeitsatmosphäre" brauche. Damit meinte sie kurz gesagt „Räum dein Zimmer auf!", denn es sah, wie an anderen Tagen, schrecklich aus. Mein Zimmer sah tatsächlich schrecklich aus, wie nach einem Sturm. Es lagen Comics auf dem Boden, ein Schrank ist offen und Spielzeug lag auf dem Boden verstreut. Das Leben meiner Eltern ohne mich war bestimmt ruhiger. Aber, am 15. November ... war der „schreckliche Tag" gekommen. Ein knuddeliger ca. 53 cm kleiner Knirps kam zur Welt. Ab diesem Tag war das Leben meiner Eltern überhaupt nich mehr leicht. Sie mussten mir die Windeln ca. fünfmal am Tag wechseln, sie mussten mir mein Fläschchen bringen usw. Das ging etwa bis zu meinem 3. Geburtstag so. Mein Leben ging mit Kindergarten weiter. Im Kindergarten war es schön, nur das Essen schmeckt nicht immer. Ich hatte viele Freunde. Als ich dann sechs war, war die Zeit gekommen, in die Schule zu gehen. Dort war es auch schön. Ich war meistens ein guter Schüler. In der 4. Klasse ist mir allerdings

(Randnotizen: Weshalb ist das so? / „...fünfmal..." Ist das wichtig? / Warum war es schön?)

Einen Text überarbeiten

Z etwas Schreckliches passiert. Mein Freund und ich sind an einem Nachmittag auf dem Weg über die Straße und ich
W guckte nach rechts, da kam ein Auto, vor dem ich dreimal drüben gewesen wäre, ich rannte los, sah aber nicht das Auto, das von links kam, und es erwischte mich und ich musste
ww ins Krankenhaus. Im Krankenhaus musste ich eine Woche lie- — Warum nur gen und dann noch einige Zeit zu Hause. Das war ziemlich eine Woche? das Schlimmste in meinem Leben. Jetzt bin ich in der 5. Klasse
I und mir geht es gut. Ich habe viele Freunde viele tolle Sachen und mit meinen Eltern eine schöne Wohnung. Und ich bin auch gern mit meinem Fahrrad unterwegs. Ich bin also ein ganz normaler Typ und muss jetzt leider mein Zimmer aufräumen.

(S am Rand)

b Überlegt zunächst gemeinsam, weshalb und für wen Benjamin seinen Text wohl geschrieben hat. Denkt darüber nach, aus welchem Grund und für wen ihr einen Text mit der Überschrift „Wer bin ich?" schreiben würdet.

2 Überarbeite schrittweise Benjamins Text.

1. Überarbeite den Inhalt.
   – Wie du siehst, hat Benjamins Lehrerin seinen Text bereits korrigiert und einige Hinweise an den Rand geschrieben. Erweitere, ändere oder kürze Benjamins Text, indem du die Fragen der Lehrerin beantwortest.

2. Überprüfe die Wortwahl.
   – Sieh dir die Korrekturzeichen der Lehrerin an. Überlege, welches Wort du durch ein passenderes ersetzen willst oder welches Wort du vielleicht ganz streichen musst.

3. Kontrolliere die Sätze.
   – Weshalb hat die Lehrerin an einer Stelle ein großes S an den Rand geschrieben? Was stimmt mit diesem Satz nicht und wie könnte man ihn ändern?

4. Korrigiere Rechtschreib- und Zeichensetzungsfehler.

5. Überprüfe noch einmal, ob du alle Hinweise der Lehrerin beachtet hast. Überlege außerdem, ob du selbst noch Änderungen vornehmen möchtest.

6. Schreibe abschließend die überarbeitete Fassung von Benjamins Text in dein Heft.

Wie du Textentwürfe überarbeiten kannst

Tipps und Tricks

1. Die Schreibaufgabe überdenken
- Wie lautet das Thema, warum wird der Text geschrieben?
- Wer wird den Text lesen?

Lege Pausen ein.
Erstelle einen Arbeitsplan.

2. Den Inhalt überarbeiten
- Was sollte ausführlicher oder genauer dargestellt werden?
- Was könnte gestrichen oder gekürzt werden?
- Wo könnten wörtliche Rede, Frage- oder Ausrufesätze eingebaut werden?
- Wie könnten Beginn und Ende verändert werden?

Überlege, welche Fragen ein Leser dem Schreiber stellen würde.

3. Die Wortwahl überprüfen
- An welcher Stelle könnte anders, besser formuliert werden?
- Welche Wiederholungen sollten vermieden werden?

Suche möglichst viele treffende Wörter und Wortgruppen, setze sie in den Text ein und entscheide dich dann für die beste Lösung.

4. Den Satzbau kontrollieren
- Welche Sätze sind unvollständig?
- Welche Sätze könnten umgestellt werden?

Schreibe nur die Satzanfänge untereinander und lies sie laut vor. Sind sie abwechslungsreich?

5. Die Rechtschreibung korrigieren
- Welche Wörter sind falsch geschrieben?
- Welche Wörter muss ich nachschlagen?
- Sind alle Kommas und Satzschlusszeichen richtig gesetzt?

Denke daran: Zur Kontrolle der Rechtschreibung kannst du mit dem letzten Wort beginnen und den Text rückwärts Wort für Wort lesen.

 S. 147: *Wortfelder.* S. 108: *Satzbau und Zeichensetzung.* S. 155: *Richtig schreiben.*

Einen Kurzvortrag halten

1 Die Klasse 6a spricht im Unterricht über Kinder aus aller Welt – wie sie leben und wohnen, welche Spiele sie gern spielen und was sie in ihrer Freizeit tun. Nina interessiert sich für die Kinder in Indien. Sie möchte einen Kurzvortrag halten.

a Überlegt gemeinsam, welche Schwerpunkte man bei diesem Thema setzen könnte. Was würde euch interessieren?

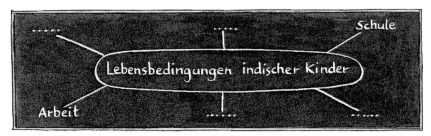

b Nina hat sich entschlossen, das tägliche schwere Leben der Kinder in Indien darzustellen. Folgende Texte will sie zu Hilfe nehmen. Stelle durch schnelles Überfliegen der Texte fest, ob sie Informationen zum Thema enthalten.

 S. 82. *Sachtexten Informationen entnehmen.* S. 85. *Lesetechniken.*

Text I: Kinder berichten aus Bombay (Indien)

1. Wir würden gerne – wie andere Kinder – in die Schule gehen und lernen. Viele von uns können dies nicht, weil wir arbeiten oder auf unsere jüngeren Geschwister aufpassen müssen. Einige von uns werden nicht in die Schule aufgenommen, weil wir keine Geburtsurkunde und keine feste Adresse haben.

2. Wir spielen sehr gerne. Aber wann und wo? Wir haben so viele Kinder gesehen, die Unfälle hatten und ihr Bein oder den Arm gebrochen haben oder die gestorben sind. Unsere Mütter und Väter erlauben uns wegen des Verkehrs nicht, außerhalb des Hauses zu spielen, und oftmals ist kein anderer Platz vorhanden.

3. Diejenigen von uns, die arbeiten, müssen sehr früh am Morgen aufstehen. Wir sammeln Papier- und Plastikabfälle, reinigen Rinnsteine, bedienen in kleinen Tea-Shops, waschen Teller ab, nehmen Fische aus, waschen Autos, arbeiten in (kleinen) Autowerkstätten… Unser „Chef" schlägt uns manchmal, schreit uns an und behandelt uns schlecht. Wenn es viel Arbeit gibt, bekommen wir nicht einmal die Zeit zum Essen. Erst spät in der Nacht, wenn die Arbeit getan ist und wir sehr müde sind, dürfen wir gehen. […] Wir müssen arbeiten, damit uns unsere Eltern ernähren können – aber wir haben Angst vor unserem „Chef" und den Polizisten.

4. Einige unserer Häuser wurden mehrmals zerstört. Sie sagen, wir können hier nicht leben, wir machen Bombay dreckig. […] Wohin sollen wir sonst gehen? Wenn sie kommen, um unser Heim zu zerstören, werfen sie unser Essen auf die Erde, stehlen unsere Habseligkeiten, sagen schlimme Worte und schlagen unsere Mütter und Väter.
Wir frieren während der Regenzeit und im Winter, wenn wir unter freiem Himmel leben müssen. […]
Jetzt verkaufen sie Schießpulver in unserer Gegend. Jeder hat Angst. […] Es ist sehr gefährlich. Vor einigen Monaten wurden viele von uns krank, wir hatten hohes Fieber und mussten brechen. Es wurde uns gesagt, wir sollten nur abgekochtes Wasser trinken. Einige Kinder sind sogar gestorben. […] Wir haben kein gutes Wasser zum Trinken und keine sauberen Toiletten. Warum werden wir dann beschimpft, wenn wir schmutzig sind?

5. Wir Mädchen müssen Wasser holen, Essen kaufen, kochen, sauber machen und schon sehr früh auf unsere jüngeren Geschwister aufpassen.
„Ich bin oft eifersüchtig auf meinen Bruder, weil er mehr zu essen bekommt und weniger im Haushalt arbeiten muss."
„Ich glaube, Leute sind nicht glücklich, wenn sie eine Tochter haben."
Wir wissen, dass unsere Eltern und wir trotz aller dieser Schwierigkeiten um eine bessere Zukunft und ein besseres Leben kämpfen, weil wir viele Träume haben und diese Träume wahr machen müssen.

Text II

Mirzapur (Indien). In Mirzapur im Bundesstaat Uttar Pradesh hat ein Teppichfabrikant Kinder regelrecht zur Arbeit geprügelt, sie in Tümpeln halb ersäufen lassen, wenn sie nicht folgsam waren. Er ließ sie mit dem Kopf nach unten an Bäumen aufhängen und als Zeichen des „Eigentums" mit glühenden Eisen kennzeichnen.
Unter der Überschrift „Folterlager von Mirzapur" beschrieben die „Times of India" und „The Statesman" die leidvolle Odyssee von 27 Jungen zwischen sieben und zehn Jahren, die Anfang Januar aus ihrem Dorf im Nachbarstaat Bihar entführt und nach Mirzapur gebracht worden waren. Die Kinder waren eines Abends von den Feldern ihrer Eltern ins Dorf zurückgekehrt, als der Barbier ihrer Heimatgemeinde den Vorschlag machte, im Nachbardorf einen Film anzusehen. Über das Abenteuer ganz aufgeregt, informierten die Kinder ihre Eltern nicht und gingen mit. Bei Einbruch der Dunkelheit lagen sie betäubt und gefesselt in einem Bahnabteil und waren am nächs-

ten Morgen in Mirzapur, einem berühmten Teppichknüpferzentrum in Indien. Der Barbier und seine Komplizen suchten die Ängstlichen teils mit guten Worten, teils mit Schlägen zu beruhigen, wie die Kinder jetzt berichteten.
Schließlich wurden ihnen ein Lohn von zehn Rupien (umgerechnet 1,25 EUR) am Tag, freie Unterkunft und drei Mahlzeiten am Tag versprochen, wenn sie sich für den Teppichfabrikanten Panna Lal verdingten.
Doch was es gab, waren Schläge und noch einmal Schläge mit nassen Weidenruten. Wenn eines der Kinder fliehen wollte, wurde es zur Strafe mit dem Kopf nach unten aufgehängt, bekam nichts zu essen und wurde in einen dunklen Raum gesperrt, wo sich Ratten tummelten.

Auf diese Weise machte der Teppichfabrikant die Kinder gefügig. Ende März aber konnten zwei der Tortur entfliehen und die Behörden alarmieren. Anfang April wurden die anderen mit Brand- und Schlagwunden, unterernährt und übermüdet nach Intervention einer Menschenrechtsorganisation befreit und zu ihren Eltern nach Hause gebracht.

Text III

Lima (Peru). 27 Kinder, die unter sklavereiähnlichen Bedingungen in Kaffeeplantagen der peruanischen Bergregion arbeiteten, sind in der letzten Woche von Polizei und Staatsanwaltschaft befreit worden.
Wie der Staatsanwalt berichtete, wurden viele dieser Kinder Opfer von Anwerbeaktionen für die Arbeit in den Kaffeeplantagen.
Der 15-jährige Victor Raul Huancase, eines der befreiten „Sklavenkinder", berichtete, man habe ihm einen Lohn von 40 Inti (umgerechnet etwa 3 EUR) pro Tag sowie Unterkunft, Verpflegung und Hin- und Rücktransport zu der Plantage zugesagt. Dann aber habe man von dem angebotenen Lohn 20 Prozent für den Anwerber, zehn Inti für die Verpflegung und fünf für die Unterkunft abgezogen. Auch die Kosten für Seife oder Toilettenpapier habe man vom Lohn abgezogen, sodass schließlich nichts übrig blieb und die Kinder sich sogar bei ihren „Arbeitgebern" verschuldeten.
Die Aufseher nahmen den Kindern ihre persönlichen Papiere und Habseligkeiten ab. Das hinderte sie am Weglaufen, weil sie ohne Papiere von Militärkontrollen möglicherweise als Guerilleros verdächtigt worden wären. Der Arbeitstag dauerte bis zu 14 Stunden, wobei die Jungen als Plantagenarbeiter, die Mädchen als Küchenhilfe arbeiten mussten …

Einen Kurzvortrag halten

c Bevor du die Texte, die Informationen zum Thema enthalten, genau liest, kläre die Wörter, die dir unbekannt sind.

2 Nina hat sich folgende Grobgliederung für ihren Vortrag überlegt:

> Thema: Kinder in Indien
>
> 1. Wie leben und wohnen die indischen Kinder?
> 2. Warum müssen die Kinder arbeiten und unter welchen Bedingungen tun sie das?
> 3. Welche besonderen Aufgaben haben die Mädchen?
> 4. Warum spielen Schule und Freizeit keine sehr große Rolle im Leben der Kinder in Indien?

a Überlege, ob diese Gliederung Ninas Anliegen gerecht wird.

b Bearbeite zunächst den ersten Gliederungspunkt. Dazu gehst du am besten so vor:
  – Suche durch überfliegendes Lesen der Texte die Stellen heraus, die die erforderlichen Informationen enthalten. Lies diese Textstellen gründlich.
  – Schreibe die Antwort auf die erste Frage in Stichpunkten heraus, ordne und überprüfe sie.
  – Übertrage die Stichpunkte übersichtlich auf eine Karteikarte (DIN-A5-Format).

c Gliederungspunkte zwei und drei bearbeitest du am besten zusammen:
  – Suche aus den Texten heraus, welche Arbeiten die Kinder erledigen müssen.
  – Wähle ein Beispiel aus, das besonders deutlich macht, wie hart ihr Job ist und wie schlecht die Kinder behandelt werden.
  – Ergänze die Aufgaben, die nur Mädchen zu erledigen haben.
  – Gestalte zu jedem Gliederungspunkt eine Karteikarte.

> Arbeitsaufgaben
>
> – Papier- und Plastikabfälle sammeln
> – Rinnsteine reinigen
> – Teller abwaschen
> – ...
>
> 3

Karteikarten können sehr hilfreich sein, Informationen für einen Kurzvortrag übersichtlich zusammenzustellen. Berücksichtige dabei folgende Hinweise:

- **Gliedere** deinen Vortrag so, dass die anderen einen „roten Faden" erkennen können.
- Schreibe auf die Karteikarten nur die **wichtigsten Fakten**. Wichtig ist es, auch zu notieren, woher du die Informationen hast.
- Ordne die Informationen **übersichtlich** an.
- Beschreibe deine Karteikarten nur **einseitig**.
- **Nummeriere** die Karten deutlich sichtbar, damit du die richtige Reihenfolge deines Vortrags. einhälst.
- Notiere alles, was zusammengehört, auf einer Karteikarte.

 S. 93, 95: *Quellenangaben.* S. 82: *Sachtexten Informationen entnehmen.*

3 Es ist wichtig, dass die Zuhörer zu Beginn des Vortrags erfahren, worüber du ihnen etwas mitteilen willst. Überlege dir die genaue Bezeichnung deines Themas und einen Einstieg, der dir die Aufmerksamkeit der Zuhörer sichert. Schreibe beides am besten wörtlich auf eine gesonderte Karteikarte. Versuche das einmal bei Ninas Thema.

4 Ebenso wie der Einstieg ist auch ein guter Abschluss deines Vortrags wichtig. Nina hat sich den folgenden Schluss notiert.

a Trage den Schluss in der Klasse vor. Welche Wirkung geht von ihm aus?

> Schluss:
> Die Schicksale der Kinder in Indien haben mich tief bewegt. Es sind Kinder wie wir, die gerne lachen, spielen und zur Schule gehen würden.
> Weil ihre Familien arm sind, ist dies vielen von ihnen nicht möglich. Mir kam es darauf an zu zeigen, dass nicht alle Kinder in der Welt so ein unbeschwertes Leben führen wie wir.
> Vielen Dank fürs Zuhören!
> 10

b Bewerte Ninas Abschlussbemerkungen vor allem unter dem Gesichtspunkt, ob sie dem Thema angemessen sind.

c Überlege, welche Vorteile Karteikarten gegenüber Stichwortzetteln haben.

Einen Kurzvortrag halten

> Dein **Kurzvortrag** wird dir gelingen, wenn du darauf achtest, dass
> - deine **Karteikarten übersichtlich** angelegt sind,
> - du **deutlich sprichst** und bewusst **Sprechpausen** einlegst,
> - du **Betonung** und **Lautstärke** variierst,
> - du **Blickkontakt** zu deinen Zuhörern hältst.

→ S. 65: *Ein guter Lesevortrag.*

5 a Bereite einen Kurzvortrag über die Lebensbedingungen der Kinder in Indien vor. Überlege, wo du weitere Informationen beschaffen kannst.

→ S. 91: *Informationen sammeln.*

b Beurteilt eure Karteikarten gegenseitig. Achtet auch darauf, ob sie übersichtlich gestaltet sind. Berücksichtigt die Hinweise eures Lernpartners.

6 Nina hat beim Stöbern in den Büchern ein Spiel gefunden, das aus Indien kommt.

a Lies den Text und versuche, die Spielanleitung mit eigenen Worten wiederzugeben. Schreibe dazu eine Karteikarte.

Kabaddi – Überfall

Die Regeln dieses uralten indischen Spiels weichen in den verschiedenen Gegenden ein wenig voneinander ab. In der Gegend von Bombay und in den mittleren Regionen heißt es *Hututo*, in Madras und in den nördlichen Gegenden dagegen *Chedugudu*. Kabaddi wird von mindestens 10 Personen gespielt. Sie teilen sich in zwei Mannschaften und nehmen jeweils 7 bis 10 m von einer Trennlinie entfernt Aufstellung. Die Trennlinie wird mit Steinen oder Sand markiert.

Zu Beginn des Spiels nähert sich ein „Angreifer" aus einer der beiden Mannschaften der Trennlinie und läuft im geeigneten Augenblick in die gegnerische Spielhälfte hinüber. Während er sich dort aufhält, muss er ständig rufen: Kabaddi! Kabaddi! Kabaddi! (Betonung auf dem i!). Er darf sich nur so lange dort aufhalten, solange er rufen kann, ohne erneut Atem zu holen. Dabei versucht er, mit den Händen oder mit den Füßen einen gegnerischen Spieler zu berühren und dann auf die eigene Spielhälfte zurückzuflüchten. Sobald sein Atem erschöpft ist, muss er fliehen; denn dann darf ihn die überfallene Mannschaft gefangen nehmen. Er kann sich noch retten, wenn er wenigstens mit einem Fuß oder einem Arm über die Trennlinie gelangen kann; dann muss er freigelassen werden. Gelingt es dem Angriffsspieler, in seine Spielhälfte zurückzukehren, scheidet der Spieler der anderen Mannschaft, den er berührte oder der ihn zuerst anfasste, aber nicht festhalten konnte, aus dem Spiel aus. Wurde er dagegen gefangen, wird ein Spieler der angegriffenen Mannschaft der neue Angreifer, und so geht das Spiel abwechselnd weiter, bis eine Mannschaft alle ihre Spieler verloren hat.

b An welcher Stelle ihres Kurzvortrags könnte Nina dieses Spiel zur Veranschaulichung einbauen? Diskutiert darüber.

c Wenn ihr Lust habt, spielt Kabaddi. Es wird euch viel Spaß machen.

7 Ein Vortrag muss nicht nur gut vorbereitet, sondern auch gut vorgetragen und präsentiert werden.

a Suche zu Hause oder in der Bibliothek in Büchern, Zeitungen, Zeitschriften oder im Internet nach Anschauungsmaterial zu deinem Kurzvortrag. Du kannst dazu Fotos, Karten, Übersichten oder Illustrationen verwenden.

 S. 85: *Schaubild*.

b Überlegt, welche Mittel, Medien und Präsentationstechniken bei einem Kurzvortrag eingesetzt werden können und welchen Zweck sie haben.

8 Übe deinen Kurzvortrag mehrmals vor dem Spiegel oder vor Publikum (Eltern, Geschwister) und zeichne ihn möglichst auf Kassette auf. Überprüfe dich selbst, ob du die Hinweise im Rahmen auf S. 106 berücksichtigt hast.

9 Hört euch mehrere Kurzvorträge an. Beurteilt die Vorträge anhand der folgenden Gesichtspunkte und begründet eure Einschätzung.
   – Wie wurde der Vortrag eingeleitet?
   – Wurde das Wichtigste zu der am Anfang genannten Fragestellung vorgetragen?
   – War der Vortrag sinnvoll aufgebaut?
   – Bestand Blickkontakt zu den Zuhörern?
   – Wurde deutlich und verständlich gesprochen?

Über Sprache nachdenken

Satzbau und Zeichensetzung

Satzglieder und Satzgliedteile

1 Notizen der Reporterin einer Jugendzeitschrift zu einem Interview mit der Engländerin Jane Goodall:

- berühmteste Tierforscherin der Welt
- erforscht Verhalten von Tieren
- ihre Leidenschaft: Schimpansen
- Bücher über Tarzan geliebt
- mehr als vierzig Jahre im Urwald von Tansania / Afrika gelebt
- wilde Affen erforscht
- Sohn musste bewacht werden – Affen hätten ihn sonst gefressen

a Würdest du diese Notizen als Sätze bezeichnen? Begründe deine Antwort.

b Du weißt, dass es verschiedene Satzarten gibt. Wiederhole sie noch einmal. Woran erkennst du sie?

c Welche Fragen könnte die Reporterin Jane Goodall gestellt haben? Formuliere ihre Fragen und die Antworten der Forscherin als vollständige Sätze.

> Du weißt, ein **Satz** besteht aus Wörtern bzw. Wortgruppen. Sie bilden die **Bauteile des Satzes**, die **Satzglieder**.
>
> **Subjekt**   **Prädikat**   **Objekt**
>
> Die einzelnen **Satzglieder** kannst du durch die **Umstellprobe** ermitteln.

2 Ermittle mithilfe der Umstellprobe in den folgenden Sätzen die verschiedenen Satzglieder, die du bereits kennst. Welche Satzglieder sind neu für dich?

(1) In Afrika traf die Reporterin ihre Interviewpartnerin.
(2) Jane Goodall beobachtete Schimpansen im Urwald.
(3) Die Forscherin entdeckte unbekannte Verhaltensweisen dieser Affen.

Subjekt und Prädikat

3 Du weißt, ohne die zwei entscheidenden Bauteile Subjekt und Prädikat ist ein Satz kein Satz. Bestimme in den folgenden Sätzen Subjekt und Prädikat.

(1) Über 40 Jahre erforschte Jane Goodall das Leben der Affen im Urwald. (2) 1991 gründete sie „Roots & Shoots" (dt. „Wurzeln & Sprösslinge"), ein Umweltschutz-Netzwerk für Kinder und Jugendliche. (3) Inzwischen gibt es Gruppen mit mehr als 100 000 Kindern und Jugendlichen in mehr als 70 Ländern. (4) Die Zukunft der Natur – so Jane Goodall – liegt in den Händen der Jugendlichen. (5) In Quebec hat eine High School ein Vogelschutzgebiet angelegt. (6) In Angola werden verwaiste Affenbabys gepflegt. (7) Die Münchner Gruppe „Bat Boys" erforscht Fledermäuse.

4 Du hast schon gelernt, dass ein Prädikat einteilig oder mehrteilig sein kann. Verwende folgende Verben zur Bildung von Sätzen:
schreiben, aufschreiben, treffen, eintreffen, warten, abwarten

Mit der Frage *Wer?* oder *Was?* ermittelst du das **Subjekt**. Mit der Frage *Was wird ausgesagt?* kannst du das **Prädikat** ermitteln.	
Einteiliges Prädikat	**Mehrteiliges Prädikat**
finite Verbform Er *fährt* in den Urlaub.	finite Verbform + Verbbestandteil Er *fährt* morgen *weg.* oder finite Verbform + infinite Verbform Er *ist* gestern *weggefahren.* Das mehrteilige Prädikat kann andere Satzteile einrahmen. Es bildet den **prädikativen Rahmen**.

 S. 127: *Verben.* S. 139: *Substantive.* S. 141: *Pronomen.*

5 a Suche aus dem Text von Aufgabe 3 alle Sätze mit einem einteiligen Prädikat heraus. Forme die einteiligen Prädikate in mehrteilige um.

Schreibe: Über 40 Jahre hat Jane Goodall das Leben der Affen erforscht.

b Betrachte die Sätze mit mehrteiligen Prädikaten und bestimme die Satzglieder, die von den Prädikatsteilen eingerahmt werden.

c Vergleiche mehrteilige Prädikate im Deutschen und im Englischen. Achte auf den prädikativen Rahmen.

Er *ist* in London *angekommen.* – He *has arrived* in London.

Satzbau und Zeichensetzung

Adverbialbestimmung / Adverbiale (Umstandsbestimmung)

6 a Vergleiche die folgenden beiden Texte miteinander. Was fällt dir auf?

Text A:
(1) Jane Goodall wurde geboren. (2) Ein Stoffschimpanse war ihr Lieblingsspielzeug. (3) Sie wollte mit Affen leben. (4) Das passte nicht in das Bild von einem braven Mädchen. (5) Jane ließ sich nicht abschrecken. (6) Sie verschlang Bücher über wilde Tiere. (7) Ihre Überfahrt nach Afrika finanzierte sie selbst. (8) Sie reiste. (9) Sie hatte es geschafft. (10) Sie entdeckte als Erste, dass Affen Fleisch fressen, Werkzeuge nutzen und eine differenzierte Sprache haben.

Text B:
(1) Jane Goodall wurde am 3. April 1934 in London geboren. (2) Ein Stoffschimpanse war bereits mit zwei Jahren ihr Lieblingsspielzeug. (3) Sie wollte später einmal mit Affen im afrikanischen Urwald leben. (4) Das passte damals nicht in das Bild von einem braven Mädchen. (5) Jane ließ sich nicht abschrecken. (6) Sie verschlang während der Schulzeit Bücher über wilde Tiere. (7) Ihre Überfahrt nach Kenia (Afrika) finanzierte sie selbst. (8) Von dort reiste sie 1960 nach Tansania an den Tanganjikasee. (9) Mit 26 Jahren hatte sie es geschafft. (10) Sie entdeckte als Erste, dass Affen Fleisch fressen, Werkzeuge nutzen und eine differenzierte Sprache haben.

b Welche Informationen enthält Text B, die in Text A fehlen?

c Suche alle Angaben von Zeit und Ort in Text B heraus. Wie fragst du nach ihnen? Übertrage die folgende Tabelle in dein Heft und fülle sie aus.

Zeitangaben = Adverbialbestimmung der Zeit	Ortsangaben = Adverbialbestimmung des Ortes
am 3. April …	in London

7 Einige Fragen lässt auch Text B (Aufgabe 6a) unbeantwortet, z. B.:
- wie Jane Goodall im Urwald leben wollte,
- auf welche Weise sie Bücher las,
- wie sie ihre Überfahrt nach Afrika finanzierte,
- warum sie an den Tanganjikasee reiste.

a Versuche, folgende zusätzliche Informationen in die Sätze (3), (5), (7) und (8) von Text B einzubauen. Formuliere die Sätze entsprechend um und schreibe sie auf.
- wie Tarzans Freundin
- tonnenweise
- durch Nebenjobs als Kellnerin
- wegen der Schimpansen

b Sicher hast du schon gemerkt: Es handelt sich hier um zwei neue Arten von Adverbialbestimmungen. Wie fragst du nach ihnen?

Satzglieder und Satzgliedteile

Satzglieder, die **nähere Angaben zum Verb** machen, nennt man **Adverbialbestimmungen / Adverbiale** (Umstandsbestimmungen).
Unterscheide vier Arten:

Adverbialbestimmungen

des Grundes (kausal)	der Zeit (temporal)	der Art und Weise (modal)	des Ortes (lokal)
Warum?	Wann?	Wie?	Wo?
Wieso?	Wie lange?	Auf welche Art	Woher?
Weshalb?	Seit / Bis wann?	und Weise?	Wohin?
Wegen des Treffens fuhr ich *mittags*		*schnell*	*in die Stadt.*

8 Erweitere die folgenden Sätze um die passende Adverbialbestimmung.

Luxusgut Katze

(1) Wer … eine Katze hatte, musste die Schlachtereste beim Fleischer holen. (2) … gab es immerhin schon zwei verschiedene Marken von Dosenfutter. (3) … stapeln sich in den Regalen der Supermärkte über fünfzig Sorten. (4) Mehr als eine Milliarde Mark geben Katzenhalter … in Deutschland für Futter aus. (5) Das ist mehr, als … für Babynahrung ausgegeben wird.

| zehn Jahre später |
| heutzutage |
| in den 50er Jahren |
| heute | pro Jahr |

| England |
| Frankreich |
| Schweden |

(6) Die Industrie hat sich selbstverständlich auf nationale Vorlieben eingestellt. (7) In … gibt es mehr Fisch in der Dose. (8) In … wird ein Hauch Knoblauch beigefügt. (9) Leckermäuler in … können sich an Sardinen und Makrelen erfreuen.

(10) Frisches Rindfleisch mögen Katzen aller Länder … . (11) Die kleinen Lieblinge lassen sich jedoch … füttern. (12) … testen 1500 Katzen Rezepte, die von Ernährungsexperten, Tierärzten und Verhaltensforschern ausgetüftelt werden.

| am liebsten |
| in monatelangen Versuchsreihen |
| viel bequemer mit Dosenfutter |

Satzbau und Zeichensetzung

(13) Die Katze hat ... tausende von Arbeitsplätzen geschaffen.
(14) Der Katzenhalter kann ... individuell auf seinen Liebling eingehen.
(15) Auch heute bevorzugen die meisten Katzen ... nicht Katzen-Milch, sondern frisches Wasser.
(16) Die Industrie für Katzenartikel gedeiht ... prächtig.

- dank des breiten Angebots
- wegen des Geschmacks
- wegen ihrer Verbreitung zum beliebtesten Haustier der Deutschen
- allein aufgrund des Verkaufs von Katzenstreu

> Eine Adverbialbestimmung kann aus **einem Wort** (z.B. Adverb) oder auch aus einer **Wortgruppe** bestehen, z.B.:
> *heute, in diesem Jahrhundert, im Zeitalter des Computers.*
>
> S. 144: *Adverbien.* S. 137: *Präpositionen.*

9 Lege eine Tabelle an und ordne alle Adverbialbestimmungen aus dem Text ein.

Ein Nager erobert die Welt

(1) Die Hausmaus war ursprünglich vom Mittelmeerraum über den Nahen Osten bis China verbreitet. (2) In Jahrmillionen hat sich diese Art widrigsten Umweltbedingungen angepasst. (3) Heute ist die Hausmaus ein Weltbürger. (4) Sie nagt auf der Insel Island, im Hochland von Peru, auf den Galapagosinseln, in den Sümpfen Floridas und in der Antarktis. (5) In unseren Breiten leben die kleinen Nager wie im Schlaraffenland. (6) Dank gefüllter Speisekammern und Scheunen könnten sie sich hemmungslos vermehren. (7) Daran hindert sie jedoch der Mensch mit allerlei Tricks, z.B. Fallen, Gift und Katzen. (8) Wegen ständigen Hungers benagen die pfiffigen Tierchen mit großer Ausdauer sogar Beton, Metall und Kunststoff.

Schreibe: Adverbialbestimmungen

des Grundes	der Zeit	der Art und Weise	des Ortes
...	...	...	...

Es sind zwei kausale, drei temporale, vier modale und neun lokale Bestimmungen.

Objekt (Ergänzung)

10 a In den folgenden Sätzen fehlt etwas Entscheidendes. Sicher kennst du das fehlende Satzglied. Schreibe die Sätze ab und vervollständige sie mithilfe der darunter stehenden Wörter oder Wortgruppen.

(1) Kathrin S. teilt ... mit zwölf Ratten.
(2) Die Kauffrau für Bürokommunikation gründete ... .
(3) Ihr Verein will ... einen besseren Ruf verschaffen.
(4) Er fordert auch ... .
(5) Ratten greifen ... an, es sei denn, sie fühlen sich in die Enge getrieben.
(6) Man muss ... ... bieten.
(7) Ihre Intelligenz erscheint ... erstaunlich.

den Ratten, keinen Menschen, ein Verbot von Rattengift, den Rattenclub e.V. – Gemeinschaft zur Wahrung der Rechte der Ratte, ihre Wohnung, vielen von uns, ihnen (den Ratten), einen Fluchtweg

b Unterstreiche das Verb und bestimme den Fall, in dem das dazugehörige Objekt steht.

11 Bilde mit den folgenden Verben und den in Klammern stehenden Substantiven vollständige Sätze. Welchen Fall erfordern die Verben? Wie kannst du die Objekte erfragen?

sich enthalten (die Stimme), sich besinnen (ein Besseres), sich rühmen (seine Tat), sich erinnern (ihr Angebot), sich schämen (seine Tränen)

Satzglieder, deren Fall **vom Verb abhängt** und die **das Verb ergänzen**, nennt man **Objekte** (Ergänzungen).
Die meisten Objekte stehen im Akkusativ oder im Dativ:

<u>dem Arzt</u> vertrauen	**Wem?** vertrauen	Dativobjekt	(3. Fall)
<u>einen Zahn</u> ziehen	**Wen** oder **Was?** ziehen	Akkusativobjekt	(4. Fall)

Objekte im Genitiv werden selten gebraucht:

<u>der Opfer</u> gedenken	**Wessen?** gedenken	Genitivobjekt	(2. Fall)

Satzbau und Zeichensetzung

12 In den Sätzen (1)–(7) in Aufgabe 10a fehlen bestimmte Angaben, die dich aber interessieren könnten, z. B., wo, wann, wie oder warum etwas geschieht oder geschah.

Erweitere die Sätze (1)–(7) sinnvoll mit den folgenden Adverbialbestimmungen des Ortes, der Zeit, der Art und Weise oder des Grundes.

in ihrem Heimatort N., seit langem, vor sieben Jahren, deshalb, in ganz Deutschland, immer, energisch

➪ S. 110: *Adverbialbestimmung.*

Mit der **Erweiterungsprobe** kannst du in einem Satz weitere **Satzglieder** (oder auch Attribute) **einfügen**, die für eine sinnvolle Äußerung notwendig sind, z. B.:

Der Verein wurde gegründet.   *Wann? Vor drei Jahren.*
↓   *Wo? In N.*

Der Verein wurde vor drei Jahren in N. gegründet.

Präpositionalobjekt

13 Welches Verb verlangt welche Präposition(en)? Ordne zu und bilde Sätze.

auf, an, gegen, über, für, von, mit
warten, übereinstimmen, zweifeln, träumen, lachen, sich freuen, kämpfen

➪ S. 137: *Präpositionen.*

Manchmal wird der Fall, in dem ein Objekt steht, nicht vom Verb bestimmt, sondern von einer Präposition, die zu dem Verb gehört.
Diese Objekte nennt man **Präpositionalobjekte**, z. B.:

Er kämpfte gegen den Sturm.   Präpositionalobjekt im 4. Fall
Sie schwärmte von dem Filmstar.   Präpositionalobjekt im 3. Fall

Wenn du nach einem Präpositionalobjekt fragst, musst du die Frage zusammen mit der entsprechenden Präposition stellen:

Gegen **wen** oder **was** (auch: **wogegen**) *kämpfte er?*   gegen den Sturm
Von **wem** oder **was** (auch: **wovon**) *schwärmte sie?*   von dem Filmstar

Satzglieder und Satzgliedteile — 115

14 Im folgenden Text haben sich fünf Präpositionalobjekte versteckt. Findest du sie? Suche das Verb und überlege, ob eine bestimmte Präposition dazugehört.

Christine V., Tierfilmtrainerin, erzählt:

Queenie war meine erste Ratte. Sie verhalf mir zu zwei tollen Entdeckungen: Die erste war, dass Ratten zutraulich sind wie Hunde. Die zweite, dass meine Tierhaar-Allergie bei Rattenweibchen eine Ausnahme macht. Endlich musste ich meine Tierliebe nicht mehr auf Fische und Vögel beschränken. An einen Beruf als Tierpflegerin oder Tiertrainerin war aufgrund meiner Allergie nicht zu denken. Durch Zufall habe ich jetzt doch noch meinen Traumberuf ergreifen können. Eine Filmtier-Agentur suchte nämlich händeringend zwei Ratten – und ich hatte zwei: Mutter und Tochter, beide schwarz, beide zahm, also ideal. Seitdem beschäftigte ich mich nebenbei mit der Züchtung von „Filmratten".

15 a Versuche, einen kleinen Text zu schreiben, in dem du die folgenden Verben und Präpositionen verwendest.

sich beschäftigen mit, sich kümmern um, übergeben an, erwarten von, sich verstehen mit/auf, sich beklagen über, sich verständigen über

b Unterstreiche in deinem Text die Präpositionalobjekte und bestimme ihren Fall.

16 Ergänze deine Sätze aus Aufgabe 15a durch die Erweiterungsprobe mit Angaben, die für das Verständnis notwendig sind (zu Ort, Zeit, Art und Weise oder Grund). Unterstreiche die Erweiterungen.

Schreibe:
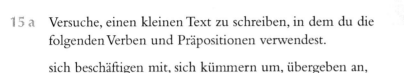
Ich beschäftige mich mit Tieren aus Afrika.
Seit einem Jahr beschäftige ich mich im Zooklub mit Tieren aus Afrika.

17 Erweitere folgende Sätze. Unterscheide die Erweiterungen nach Akkusativobjekt, Dativobjekt, Präpositionalobjekt und Adverbialbestimmung.

Der Gast fragt. Sven hilft. Der Freund wartet. Ina schreibt.

Schreibe:
Der Gast fragt den Kellner nach einer Speisekarte.
Wen? den Kellner (Akkusativobjekt)
Wonach? nach einer Speisekarte (Präpositionalobjekt)

 S. 110: *Adverbialbestimmung.*

Attribut (Beifügung)

15

> **Verspielter stubenreiner Kater,** mit weißen Pfoten u. Latz, zwei Jahre alt, kletterfreudig, an Hunde und Meerschweinchen gewöhnt, sucht aus gesundheitl. Gründen des Halters neues Zuhause ☎ 65 43 21

> **Dreijährige Belgische Schäferhündin,** *die lange Spaziergänge liebt und ungern alleine bleibt, an liebe Menschen zu verschenken* ☎ 12 34 56

Wie beschreiben die Tierbesitzer ihre Lieblinge? Probiere aus, was du über die beiden Haustiere erfährst, wenn du in den Anzeigetexten alle Wörter, Wortgruppen und Nebensätze weglässt, die sie genauer beschreiben.

> Satzbauteile, die ein **Substantiv näher bestimmen**, heißen **Attribute** (Beifügungen). Sie können ihrem Bezugswort **vorangestellt** oder **nachgestellt** werden und aus einem **Wort**, einer **Wortgruppe** oder einem **Satz** bestehen, z. B.:
>
> *verspielter Kater*   Wort,
> *Kater mit weißen Pfoten*   Wortgruppe,
> *Schäferhündin, die lange Spaziergänge liebt*   Satz.
>
> Attribute ermittelst du durch die Fragen *Was für ein …? Welcher? Wie viel(e)?*

16 Viele Titel von Büchern oder Filmen enthalten Attribute.

– Harry Potter und der Stein der Weisen
– Lotta aus der Krachmacherstraße
– Die Braut, die sich nicht traut
– Sofies Welt
– Die Geschichte vom kleinen Muck

a Wie viele weitere Titel fallen euch innerhalb von fünf Minuten ein? Notiert sie.

b Schreibt die gefundenen Titel an die Tafel. Welche von ihnen enthalten Attribute? Unterstreicht diese.

LÜGEN HABEN LANGE BEINE

Satzglieder und Satzgliedteile

17 Suche aus dem folgenden Text alle Attribute mit ihren Bezugswörtern heraus und schreibe sie auf. Unterstreiche die Attribute und markiere ihre Bezugswörter.

Exoten im Wohnzimmer

Der illegale Handel mit exotischen Tieren hat insbesondere seit dem Verkauf über das Internet zugenommen. Es genügen ein paar Mausklicks und der Tod wird geliefert: Fünfzig Euro kostet der Versand einer Giftschlange bei einem
5 Internet-Händler aus Süddeutschland. Gefahrenhinweise für den Käufer einer Buschviper oder der Gabunviper? Fehlanzeige. Wo der Schutz des künftigen Tierhalters kaum eine Rolle spielt, wird der Schutz der exotischen Tiere völlig vernachlässigt. Zu enge Terrarien, falsche Ernährung, übersetzte Aquarien sind Tatbestände, die zur falschen Behandlung oder gar zum Tod gefangen gehaltener Tiere führen. Und
10 nur wenige können sich so effektiv wehren wie die Gabunviper.

Schreibe: der illegale Handel mit exotischen Tieren

18 Wende an dem folgenden Satz die Umstellprobe an. Was passiert mit dem Attribut?

Mareike mochte den Kater mit den weißen Pfoten am liebsten.

Attribute können nicht allein im Satz stehen bzw. umgestellt werden, sondern immer nur gemeinsam mit dem Substantiv, das sie näher bestimmen.

Attribute sind deshalb keine Satzglieder, sondern **Satzgliedteile**, z.B.:
Der _verspielte_ **Kater** sucht ein _neues, schönes_ **Zuhause**.

Ein _neues, schönes_ **Zuhause** sucht der _verspielte_ **Kater**.

---

19 a Attribute treten häufig auf, z. B. in Werbetexten. Lies den nebenstehenden Werbetext. Wie wirkt er auf dich? Bestimme alle Attribute mit ihren Bezugswörtern. Was leisten die Attribute?

Wir laden Sie ein zu einem wunderschönen Urlaub auf einer idyllischen Insel.

Es erwartet Sie ein feiner weißer Sandstrand mit herrlichen Palmen.

b   Lass in dem Werbetext von S. 117 alle Attribute weg.
    Wie beurteilst du den so veränderten neuen Text?

> Mit der **Weglassprobe** kannst du ermitteln, **ob Attribute** (oder auch
> Satzglieder) in einem Satz **weggelassen werden können** oder ob sie für eine
> sinnvolle Äußerung notwendig sind, z. B.
>
> *Malta ist ein beliebtes Ferienparadies.*
>
> ↓ ?
>
> *Malta ist ein ~~beliebtes~~ Ferienparadies.*
>
> Mit der Weglassprobe kannst du auch unnötige Wiederholungen vermeiden.

20   Verkürzt und verbessert den folgenden Werbetext eines Schülers mithilfe der

     Weglassprobe.

Malta ist ein bei den europäischen Touristen sehr beliebtes Ferienparadies. Der Staat, der seit 2004 zur Europäischen Union gehört, besteht aus drei Inseln. Die Hauptinsel ist Malta, die zweite Insel heißt Gozo, die dritte Comino. Die Hauptinsel hat eine außerordentlich lange und buchtenreiche Steilküste mit einem herrlichen feinkörnigen Sandstrand.

Blick auf Valletta, die Hauptstadt Maltas.

 S. 91: *Informationen sammeln.*

21   Gestalte einen Werbetext für deinen Heimatort. Suche aussagekräftige Attribute
     und vermeide unnötige Wiederholungen.
     Benutze bei der Überarbeitung die Weglassprobe.

Satzglieder und Satzgliedteile

Kommasetzung bei Aufzählungen

1 a Anja bereitet ihre Geburtstagsfeier vor. Sie schreibt auf, was sie gemeinsam mit ihrer Mutter dafür einkaufen möchte. Überlege, was noch besorgt werden müsste.

> – 1 Kasten Cola, 6 Tetrapacks Apfelsaft oder Multivitaminsaft
> – Salzstangen, Chips
> – Weintrauben bzw. Erdbeeren …

Du weißt, Wörter oder Wortgruppen kann man aufzählen. Die **Glieder einer Aufzählung** werden voneinander **durch ein Komma getrennt** – aber nicht, wenn sie durch *und, oder, sowie* und *beziehungsweise (bzw.)* miteinander verbunden sind, z. B.:

Wir kaufen Cola oder Sprite, Apfelsaft und Salzstangen.

b Was würdest du deinen Geburtstagsgästen gern anbieten? Schreibe einen Einkaufszettel. Beachte bei Aufzählungen die Kommasetzung.
Du kannst dich auch mit deiner Nachbarin / deinem Nachbarn austauschen.

2 Die Mutter hat aufgeschrieben, was Anja bis zu ihrer Geburtstagsparty noch erledigen muss. In der Eile hat sie mehrere Kommas vergessen.

> – Zimmer: aufräumen Schreibtisch Staub wischen
> – Bad: alte Handtücher in Wäschekorb neue Handtücher hinhängen
> – Küche: viermal Teller, Tassen bzw. Gläser Bestecke

a Was ist durch die fehlenden Kommas missverständlich? Schreibe die Aufstellung ab und setze die Kommas richtig.

b Was könnte für die Vorbereitung der Feier noch wichtig sein? Ergänze den Merkzettel und verwende dabei Aufzählungen.

Satzbau und Zeichensetzung

Einfache und zusammengesetzte Sätze

1 a Bestimme die Prädikate in den folgenden einfachen Sätzen. Wie viele sind es jeweils in jedem Satz?

(1) Bis zu 4,5 Millionen Briefe landen täglich im Briefzentrum Berlin. (2) 8000 davon werden aussortiert. (3) Sie sind nicht zustellbar. (4) Die Postleitzahl oder gar der Straßenname fehlt in der Adresse. (5) Dann sind die Postdetektive gefragt.

b Verknüpfe jeweils zwei Sätze, die inhaltlich zusammengehören, zu einem zusammengesetzten Satz. Durch welche Wörter kannst du die Beziehungen zwischen den Sätzen sichtbar machen?

> Du weißt, **einfache Sätze** haben nur ein Prädikat. **Zusammengesetzte Sätze** bestehen aus zwei (oder mehr) **Teilsätzen**, die inhaltlich zusammengehören. Du kannst die Teilsätze durch **Einleitewörter**, z. B. Konjunktionen, miteinander verknüpfen. Die Teilsätze werden in der Regel durch **Komma** getrennt, z. B.:
>
> *Tante Anna wird später eintreffen, denn ihr Zug hat Verspätung.*
>
> S. 146: *Konjunktionen.*

2 Schreibe aus dem folgenden Text alle zusammengesetzten Sätze heraus. Unterstreiche die Einleitewörter und kennzeichne die Kommas. Welche Beziehung soll zwischen den Teilsätzen verdeutlicht werden?

Postdetektive

(1) Diesen Brief wird das Hohe Gericht mit Verspätung bekommen, denn auf dem Briefumschlag steht als Adresse nur Berlin. (2) Das ist ein Fall für die Postdetektivin Sabine U.

(3) Weil die Einlesemaschine diesen Brief wegen der fehlenden Postleitzahl aussortiert hatte, landete er auf ihrem Schreibtisch. (4) Frau U. und sieben weitere Kolleginnen arbeiten als Postdetektive im Berliner Briefzentrum. (5) Täglich landen dort bis zu 4,5 Millionen Briefe und 8000 davon werden aussortiert. (6) Bei „Frau Schulz, Berlin" müssen die Detektive allerdings passen. (7) Dieser Brief z. B. geht an den Absender zurück, wenn dessen Adresse stimmt oder überhaupt auf dem Umschlag steht. (8) Briefe ohne oder mit fehlerhaftem Absender landen in Marburg. (9) Die Marburger Postdetektive dürfen die Briefe auch lesen, damit sie Anhaltspunkte für die Adresse finden. (10) Für die Berliner Detektive dagegen ist das Lesen wegen des Postgeheimnisses tabu.

Einfache und zusammengesetzte Sätze 121

Satzbaupläne / Satzbilder

Du weißt, dass zusammengesetzte Sätze nach bestimmten **Satzbauplänen** gebaut sind. Diese kannst du in **Satzbildern** darstellen:

1. [HAUPTSATZ] , [HAUPTSATZ].

   Falsch adressierte Briefe gehen selten verloren , *denn es gibt Postdetektive.*

2. [HAUPTSATZ] , [NEBENSATZ].

   Falsch adressierte Briefe gehen selten verloren , *weil es Postdetektive gibt.*

3. [NEBENSATZ] , [HAUPTSATZ].

   Da es Postdetektive gibt , *gehen Briefe selten verloren.*

4. [HAUPTSATZ] , [NEBENSATZ] , [HAUPTSATZ].

   Auch Briefe , *die falsch adressiert sind* , *gehen selten verloren.*

3 a Betrachte die verschiedenen Satzbaupläne im Rahmen genau. Welche Einleitewörter kannst du beim Hauptsatz und welche beim Nebensatz ermitteln?

  b Nenne die finite Verbform im Hauptsatz bzw. im Nebensatz. An welcher Stelle steht sie jeweils? Zähle dabei die Satzglieder, nicht die einzelnen Wörter.

  Konjunktionen sind keine Satzglieder.

  c Formuliere in einer Regel, woran du einen Haupt- und einen Nebensatz erkennst.

4 a Welche Satzbaupläne liegen den zusammengesetzten Sätzen von Aufgabe 2 auf S. 120 jeweils zugrunde? Zeichne die Satzbilder mit allen Satzzeichen auf. Nenne die finiten Verbformen, die Stelle im Satz, an der sie stehen, und die Einleitewörter.

  Schreibe: [HS] ,   [HS] .

              wird , denn steht
              (2. Stelle)   (2. Stelle)

  b Der vierte Satzbauplan im Rahmen oben ist neu für dich. Suche nach eigenen Beispielsätzen. Bleibe möglichst bei einem Thema.

Satzverbindung

> Wenn du **gleichwertige Hauptsätze** miteinander verknüpfst, bildest du eine **Satzverbindung** (Satzreihe).
> Oft werden die Hauptsätze mit einer **nebenordnenden Konjunktion** verbunden:
>
> *Postdetektive haben viel Arbeit, denn sie müssen die falsch adressierten Briefe vermitteln.*
>
> Nebenordnende Konjunktionen sind z. B.:
> *und, oder, aber, denn, sondern, (je)doch.*
>
> Beachte:
> Hauptsätze, die mit *und* oder *oder* verbunden sind, müssen nicht durch Komma abgetrennt werden. Bei allen anderen Konjunktionen musst du das Komma setzen.

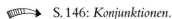 S. 146: *Konjunktionen*.

5 a Sieh dir die Satzbaupläne im Rahmen auf S. 121 noch einmal genau an. Welcher entspricht der Satzverbindung?

b Warum bezeichnet man Konjunktionen, die zwei Hauptsätze miteinander verbinden, als „nebenordnende Konjunktionen"?

c Bilde Satzverbindungen mit den nebenordnenden Konjunktionen *aber, sondern, doch*. Warum bezeichnet man diese auch als entgegensetzende Konjunktionen?

6 Welche Konjunktion passt besser, um die inhaltliche Beziehung zwischen den Hauptsätzen auszudrücken: *und* oder *aber / doch*? Wo muss ein Komma gesetzt werden?

(1) Das Verbreiten und Empfangen von Nachrichten ist ein uraltes Bedürfnis … es war von jeher lebensnotwendig. (2) Benachbarte Siedlungen konnte der Mensch mit den Nachrichten zu Fuß erreichen … oft mussten wichtige Botschaften an ferne Orte übermittelt werden. (3) Als erste Informationsträger nutzte man Licht und Schall. (4) Trommeln dröhnten weithin durch die Urwälder … Feuersignale flammten von Berg zu Berg. (5) Diese telegrafischen Mittel waren für verabredete Nachrichten wie „Feuer!" oder „Sieg!" ausreichend … für kompliziertere Informationen mussten wirkungsvollere Techniken entwickelt werden wie Morseapparate, Telefon, Radio, Fernsehen, Fax … Internet.

Satzgefüge

> Wenn du **Hauptsätze und Nebensätze** miteinander verknüpfst, bildest du ein **Satzgefüge**. Der Nebensatz ist dem Hauptsatz untergeordnet.
> Nebensätze werden grundsätzlich durch Komma vom Hauptsatz abgetrennt:
>
> *Briefe gehen selten verloren, wenn sie falsch adressiert sind.*

7 Welche Satzbaupläne gelten für das Satzgefüge? Schau im Rahmen auf S. 121 nach und bilde eigene Beispielsätze. Kennzeichne die Einleitewörter.

Konjunktionalsätze und Relativsätze

> Nebensätze können durch **unterordnende Konjunktionen** eingeleitet werden:
>
> *als, weil, wenn, nachdem, bevor, seit, dass, sodass, indem, während, solange, obwohl.*
>
> Nebensätze, die mit diesen Konjunktionen eingeleitet werden, nennt man **Konjunktionalsätze**, z. B.:
>
> *Ein Brief geht an den Absender zurück, wenn dessen Adresse auf dem Umschlag steht.*

8 Wähle aus den folgenden die passende Konjunktion aus und vervollständige die Nebensätze. Schreibe die Sätze auf.

indem, weil, dass, bevor, wenn, obwohl

Rauchzeichen als Sprache?

(1) Manche Westernfilme vermitteln den Eindruck, … sich die nordamerikanischen Indianer mithilfe von Rauchzeichen so wie wir heute mit Telefon verständigen konnten. (2) … Rauchsignale tatsächlich üblich waren, konnten die Rauchwölkchen keine Sprache wiedergeben. (3) … das Rauchzeichen übermittelt und verstanden werden sollte, musste man sich über eine einfache Botschaft verständigen. (4) Heimkehrende Pima-Indianer in Arizona beispielsweise signalisierten ihrem Stamm einen erfolgreichen Beutezug, … sie eine Rauchsäule aufsteigen ließen. (5) Jagende Apachen entfachten ein Feuer, … sie in der Ferne andere Indianer entdeckten. Das bedeutete „Wer seid ihr?".
(6) … die anderen Freunde waren, gaben sie das vorher vereinbarte Rauchsignal.

Satzbau und Zeichensetzung

9 a Was würdest du am Ausdruck der folgenden Satzpaare verändern?

(1) Esperanto ist eine Kunstsprache. Diese Kunstsprache beherrschen heute drei bis zehn Millionen Menschen. (2) 1887 erschien unter dem Pseudonym Dr. Esperanto ein Lehrbuch. Dieses Lehrbuch hatte Dr. Ludwig Zamenhof verfasst. (3) Dr. Zamenhof war ein Augenarzt aus Warschau. Diesem Dr. Zamenhof verdankt die Welt die wohl bekannteste Kunstsprache.

b Forme die Satzpaare jeweils zu einem Satzgefüge um und schreibe sie auf.

Schreibe: *Esperanto ist eine Kunstsprache, die heute drei bis zehn Millionen Menschen beherrschen.*

Nebensätze können durch **Relativpronomen** eingeleitet werden.
Die Relativpronomen beziehen sich auf ein Substantiv des vorangehenden Hauptsatzes. Man nennt diese Nebensätze **Relativsätze**. Sie bestimmen das Substantiv näher, z. B.:

Esperanto ist eine Sprache, die ein polnischer Arzt entwickelt hat.

Relativpronomen sind:
der, die, das; welcher, welche, welches.

 S. 141: *Pronomen*. S. 166: *das* oder *dass*?

10 a Schreibe die Sätze ab und ergänze die Relativpronomen im richtigen Fall.

(1) Dr. Zamenhof, … mit Russisch, Polnisch, Jiddisch und Hebräisch aufgewachsen war, lernte später noch Englisch, Französisch, Deutsch, Latein und Griechisch.
(2) Die Kunstsprache Esperanto, in … Wörter aus dem Deutschen, Englischen, Französischen, Italienischen, Griechischen und Spanischen verwendet werden, ist für Westeuropäer leicht zu erlernen. (3) Die Zahl der Menschen, … Esperanto beherrschen, schwankt je nach Lexikon zwischen drei und zehn Millionen.

b Zeichne zu den Sätzen die entsprechenden Satzbilder. Nach welchen Satzbauplänen hast du die Satzgefüge gebaut? Beachte die Kommasetzung.

Die Zeichensetzung bei der direkten (wörtlichen) Rede

> Du weißt, die Sätze, die wiedergeben, was jemand wortwörtlich sagt, werden **direkte (wörtliche) Rede** genannt. Diese wird in Anführungszeichen gesetzt.

1 a Betrachte die Sätze und ordne sie den nebenstehenden Satzbildern richtig zu.

    (1) Lara fragte: „Kommst du heute zu mir?"   „_____", _____.

    (2) „Sehr gern", antwortete Tina.   _____: „_____?"

    (3) „Beeil dich!", rief ihr Lara nach.   „_____", _____.

    (4) „Ich bin gleich zurück", erwiderte Tina.   „_____!", _____.

  b Untersuche die Zeichensetzung. Wo stehen die Kommas und die Satzschlusszeichen der direkten Rede, wo die Begleitsätze?

2 a Zeichne zu dem folgenden Satz ein Satzbild wie in Aufgabe 1.

    „Ich helfe dir gern bei Mathe", sagte Bernd, „wenn du mir bei Deutsch hilfst."

  b Wo steht hier der Begleitsatz? Welche Rolle spielen die Kommas?

> Du weißt, die **direkte Rede** steht meist mit einem **Begleitsatz**, in dem der Sprecher genannt wird. Der Begleitsatz kann an verschiedenen Stellen stehen:
>
> 1. **vor** der wörtlichen Rede: *Sonia fragte:* „Kommst du morgen?"
> 2. **nach** der wörtlichen Rede: „Ich komme morgen", *sagte Tim.*
>   „Komm morgen zu mir!", *rief Sonia.*
>   „Kommst du morgen?", *fragte Sonia.*
> 3. die wörtliche Rede **unterbrechend**:   „Komm morgen zu mir", *sagte Sonia,*
>   „und hole dir die Bücher ab."
>
> 1. Nach dem vorangestellten Begleitsatz steht ein Doppelpunkt; das erste Wort der wörtlichen Rede wird großgeschrieben.
> 2. Im nachgestellten Begleitsatz wird das erste Wort kleingeschrieben. Wird die wörtliche Rede durch einen Punkt abgeschlossen, so wird dieser weggelassen. Ein Frage- oder Ausrufezeichen dagegen wird gesetzt. Nach dem schließenden Anführungszeichen steht immer ein Komma.
> 3. Der eingeschobene Begleitsatz wird in Kommas eingeschlossen.

3 Denke dir weitere Sätze mit einem eingeschobenen Begleitsatz aus. Schreibe sie auf.

➠ S. 40–41, Aufgabe 5a: *Diktiert euch einen Ausschnitt (z. B. Z. 34–67) gegenseitig.*

Wortarten und Wortformen

1 Gruselett

Der Flügelflagel gaustert
durchs Wiruwaruwolz,
die rote Fingur plaustert,
und grausig gutzt der Golz.

Christian Morgenstern

a Obwohl die meisten Wörter keine Bedeutung haben, kannst du bestimmt unterschiedliche Wortarten und Wortformen darin erkennen. Nenne Beispiele. Erkläre, woran du sie erkannt hast.

b Versucht gemeinsam, die ungewöhnlichen Wörter durch gebräuchliche zu ersetzen, sodass das Gedicht einen Sinn bekommt.

2 Der Wortschatz der deutschen Sprache umfasst über 500 000 Wörter. Nach ihrer Aufgabe und Formenbildung lassen sie sich bestimmten Wortarten zuordnen. Sieh dir die folgende Übersicht an. Welche der Wortarten sind neu für dich?

Wortarten	Beispiele	Art der Formenbildung
Verben	*spielen, rennen, helfen*	konjugierbar
Substantive (mit Artikel)	*der / ein Apfel, die / eine Freundin, das / ein Gefühl*	deklinierbar
Adjektive	*laut, lieblich, kalt*	deklinierbar, komparierbar
Pronomen – Personalpronomen – Possessivpronomen – Relativpronomen	*ich, du, er / sie / es; wir, ihr, sie* *mein, dein, sein / ihr / sein; unser, euer, ihr* *der, die, das; welcher, welche, welches*	deklinierbar
Numeralien – unbestimmte – bestimmte	*viele, einige, wenige* *zwei, erster, tausend*	deklinierbar
Adverbien	*heute, dort, so*	unveränderbar
Präpositionen	*mit, ohne, wegen*	unveränderbar
Konjunktionen	*und, aber, weil*	unveränderbar

Verben

1 a Hier siehst du zwei Notizzettel zu ein und demselben Ereignis.
Überlege, um welches Ereignis es sich handeln könnte.

Klassenlehrer Herr Stein:	Schülerin Tanja:
Stangen	gestartet
Spurbrett	gepatzt
Achter (Kreide)	gestürzt
Platte	weitergefahren
Sand	in die Pedale getreten
Luftballons	aufgeholt
Stoppuhr	gewonnen

b Vergleiche die Informationen, die du aus den Notizzetteln erhältst.
– Worin unterscheiden sie sich? Und warum?
– Achte dabei auch auf die Wortarten. Wie wirken sie sich auf die Informationsunterschiede aus?

c Formuliere aus Tanjas Stichpunkten einen Bericht. Was geschieht mit den Verben?

2 Versuche, deinen gestrigen Tagesablauf nur mithilfe von Verben zu notieren.

> **Verben** bezeichnen Tätigkeiten, Vorgänge und Zustände.
> Sie lassen sich als einzige Wortart **konjugieren**, d. h. nach Person,
> Zahl (Numerus) und Zeit (Tempus) sowie Aktiv oder Passiv verändern.

Leitformen / Stammformen

> Du weißt, die **Leitformen** (oder auch **Stammformen**) eines Verbs genügen in
> der Regel, um alle anderen Formen richtig bilden und schreiben zu können:
>
> | Infinitiv | Präteritum | Partizip II |
> |---|---|---|
> | *schwimmen* | *schwamm* | *geschwommen* |
> | *tauchen* | *tauchte* | *getaucht* |

3 a Bilde die Leitformen von folgenden Verben und schreibe sie auf.
messen, helfen, siegen, springen, boxen, laufen, überholen, rechnen, werfen

b Ordne die Verben aufgrund der Bildung ihrer Leitformen einer der beiden folgenden Gruppen zu:

Gruppe A: starke Verben	Gruppe B: schwache Verben
Der Wortstamm (Stammvokal) ändert sich.	Der Wortstamm ändert sich nicht.
Das Präteritum (1./3. Pers. Sing.) hat keine Endung.	Das Präteritum (1./3. Pers. Sing.) endet auf -t.
Das Partizip II endet auf -en.	Das Partizip II endet auf -(e)t.

4 a Verändere die folgenden Verben nach Person, Zahl und Zeit. Bilde die Zeitformen und schreibe sie auf.

fliegen, fallen, stürzen, fahren, gehen

Schreibe:
Präsens: ich ...
Präteritum: du ...
Perfekt: er ...
Plusquamperfekt: wir ...
Futur I: ihr ...

b Welche Leitformen und Hilfsverben hast du zur Bildung der Zeitformen benutzt?

Finite (gebeugte) und infinite (ungebeugte) Verbformen

5 a Schau dir noch einmal an, wie du die Zeitformen in Aufgabe 4 gebildet hast. Lege die folgende Tabelle an und trage die Formen in die entsprechenden Spalten ein.

finite Verbform	finite Verbform + infinite Verbform
...	...

b Versuche zu erklären, was man unter finiten und infiniten Verbformen versteht.

6 a Übertrage die folgende Tabelle in dein Heft und kennzeichne die Merkmale der beiden Partizipien.

Infinitiv	Partizip I	Partizip II
treffen	treffend	getroffen
reisen	reisend	gereist
...	...	...

b Bilde zu den folgenden Infinitiven beide Partizipien und schreibe sie in die Tabelle.

raten, erfrischen, lieben, kochen, laufen, sprechen, aufregen, pfeifen

Verben 129

7 Schreibe die folgenden Sätze ab und setze jeweils das Partizip I oder II ein.
Gibt es auch mehrere Möglichkeiten? Probiere es aus.

(1) Man sollte sich bemühen, ... (verletzen) Bemerkungen zu unterlassen.
(2) Ein ... (fiebern) Patient braucht unbedingt Bettruhe.
(3) Das ... (misslingen) Experiment sollte unbedingt wiederholt werden.
(4) Eine ... (bluten) Wunde muss sofort abgedeckt werden.
(5) Der ... (anstrengen) Aufstieg dauerte acht Stunden.
(6) Dein ... (überraschen) Anblick erheiterte uns sehr.

Du weißt, neben den finiten (gebeugten) gibt es **infinite (ungebeugte) Verbformen**. Das sind der **Infinitiv**, das **Partizip I** und das **Partizip II**.

Infinitiv	Partizip I	Partizip II
lachen	*lachend*	*gelacht*
singen	*singend*	*gesungen*
vorübergehen	*vorübergehend*	*vorübergegangen*

Im Unterschied zum Infinitiv und zum Partizip II wird das **Partizip I** nicht zur Bildung von Zeitformen verwendet.
Es wird meist **wie ein Adjektiv gebraucht**, z. B.:

die folgenden Beispiele, spannende Geschichten, ein fragender Blick.

8 a Möglich oder unmöglich? Bilde aus den in Klammern stehenden Verben die Partizipien I und verwende sie als nähere Bestimmungen der Substantive.

– ein ... Computer (sprechen)
– ein ... Stift (rechnen)
– eine ... Verkehrsampel (denken)
– ein ... Kran (fliegen)
– mit Wasser ... Autos (fahren)
– im Schlaf ... Menschen (lernen)

Schreibe: ein sprechender Computer, ...

b Was für Neuerungen könntest du dir vorstellen? Schreibe deine Ideen auf, indem du wie in den Beispielen oben Substantive mit Partizipien I verwendest.

9 Forme die finiten Verbformen in Partizipien I um. Kennzeichne, was sich verändert.

(1) Die Ampel <u>leuchtet</u> rot <u>auf</u>. – die rot *aufleuchtende* Ampel
(2) Viele Fußgänger warten. –
(3) Eine Straßenbahn bremst. –
(4) Ein Lkw hupt. –

Wortarten und Wortformen

10 Partizipien I können genutzt werden, um Sätze zu verkürzen.
Schreibe die Sätze um und verwende statt der unterstrichenen Teilsätze Partizipien I.

(1) Menschen und Tiere versuchen, sich vor dem Unwetter, <u>das heraufzieht</u>, in Sicherheit zu bringen. (2) Man sieht Blätter, die im Sturm wirbeln, und hört den Lärm von Fenstern und Türen, <u>die klappern und schlagen</u>. (3) Ein Blitz, <u>der grell aufzuckt</u>, und ein Einschlag ganz in der Nähe erschrecken die Menschen.

Schreibe: (1) Menschen und Tiere versuchen, sich vor dem heraufziehenden Gewitter in Sicherheit zu bringen. (2) …

Imperativ

11 a Neben den infiniten Verbformen gibt es noch finite Verbformen. Finde eine dir noch unbekannte finite Verbform in den folgenden Sätzen in der direkten Rede.

Der Vater zu Tina: „Lies mal dieses Buch – ganz spannend."
Bert zu Daniel und Jan: „Kommt doch heute Nachmittag gegen 4 Uhr zu mir."
Der Offizier zu dem Soldaten: „Stehen Sie auf!"

b Was machen der Vater, Bert und der Offizier, indem sie diese Sätze äußern?

c Welcher der Sätze der direkten Rede ist ein Befehl, welcher eine Empfehlung und welcher eine Bitte? Wodurch unterscheiden sich diese drei Arten?

12 a Übertrage die in Aufgabe 11 gefundenen Formen in die folgende Tabelle. Ergänze die fehlenden Wörter. Unterstreiche die Merkmale der Formenbildung.

Infinitiv	Imperativ Singular	Imperativ Plural	Imperativ Höflichkeitsform
…	lie<u>s</u>	les<u>t</u>	…
…	komm(<u>e</u>)	komm<u>t</u>	…

b Fasse die Merkmale der Formenbildung zusammen. Welche Form hat manchmal noch ein zusätzliches Merkmal?

13 a Bilde von den folgenden Verben die Imperativformen.
Trage sie in die Tabelle in Aufgabe 12a ein.

gehen, fragen, fahren, nehmen, sehen, öffnen, überprüfen

b Verwende möglichst viele Imperativformen von diesen und weiteren Verben in einer kleinen Geschichte.

Von den Verben kannst du eine weitere **finite Form** bilden, den **Imperativ** (die Aufforderungsform oder Befehlsform), z. B.:

schreiben: schreib – schreibt – schreiben Sie.

Manche Verben haben im Imperativ Singular den Wechsel *e – i*, z. B.:

geben: gib – gebt – geben Sie.

Es gibt verschiedene Grade der Aufforderung, z. B. die Empfehlung, die Bitte oder den Befehl.

Zeitformen (Tempusformen)

14 Die beiden folgenden Texte berichten von ein und demselben Sportfest. Vergleiche sie miteinander. Wodurch unterscheiden sie sich? Tauscht euch aus.

Text A: Tim schreibt:

> Lieber Johannes,
> vorgestern hat in unserer Schule ein tolles Sportfest stattgefunden. Als Höhepunkt gab es einen Fahrradwettbewerb, den unsere Klasse organisiert hatte. Den ersten Platz bei den Jungen hat Ronny belegt. Bei den Mädchen hat Tanja gewonnen. Über die Hindernisse und ihre Reihenfolge hatte es in unserer Klasse heiße Diskussionen gegeben, ehe wir uns auf sechs Stationen einigen konnten. Zuerst kam das Slalomfahren. Die Abstände waren sehr eng. Dann folgte das Spurbrett und danach der Achter. Die nächsten Aufgaben waren Schrägbrettfahren und ein Sprung über den Sandhaufen. Zum Schluss kam der Höhepunkt: Luftballonzerschlagen. Und das Ganze auf Zeit. So einen Wettbewerb kann ich euch nur empfehlen, ihr werdet euren Spaß daran haben.

Text B: Am Megafon Daniel T. aus der Klasse 6b:

Jetzt startet Tim M. aus der 6a, auch ein Anwärter auf den 1. Platz. Schnell fährt er das erste Hindernis an, fast zu schnell, ja, da ist es auch schon passiert: Die letzte Stange hat er gerissen. Aber er liegt gut in der Zeit. Das Spurbrett passiert er ohne Probleme, den Achter auch, nein, da ist er doch über die Begrenzung gefahren. Zweiter Fehler, schade. Die nächsten Stationen – ja, geschafft. Gute Zeit, aber zwei Fehler, da hat er wohl keine Chance mehr auf eine Medaille. In einer Minute startet Marek aus der 6c und dann gehen die Mädchen an den Start.

Wortarten und Wortformen

Du kannst in einem Text Tätigkeiten, Vorgänge und Zustände mithilfe unterschiedlicher Zeitformen wiedergeben. Diese drücken folgende **Zeitstufen** aus: **Vergangenheit, Gegenwart, Zukunft** oder **Allgemeingültigkeit**.
Die Zeitstufen können auf einem Zeitstrahl abgebildet werden:

```
                    Allgemeingültigkeit
           ├───────────────┼───────────────→
Zeitstufen: Vergangenheit  Gegenwart   Zukunft
```

15 a In welchen Sätzen bringt Tim (Aufgabe 14) gegenwärtiges, vergangenes oder zukünftiges Geschehen zum Ausdruck? Welche Zeitformen verwendet er jeweils? Lege dazu folgende Tabelle in deinem Heft an.

Zeitstufe	Verbform	Zeitform
Vergangenheit	hat stattgefunden	Perfekt
...	...	...

b Und wie ist das in der Reportage von Daniel?
Trage die Ergebnisse ebenfalls in die Tabelle ein.

16 a Ergänze wörtlich, was Tim (Aufgabe 14) in seinem Brief geschrieben hat.

Als Höhepunkt gab es einen Fahrradwettbewerb, ...
..., ehe wir uns auf sechs Stationen einigen konnten.

b Tim beschreibt zwei Handlungen, von denen die eine jeweils **v o r** der anderen in der Vergangenheit abgelaufen ist (vorvergangen).
Mit welcher Zeitform macht er das deutlich? Erkläre, wie sie gebildet wird.

Wenn man ausdrücken möchte, dass eine Handlung schon abgeschlossen (vorvergangen) war, bevor ein anderes Geschehen begann, wird das **Plusquamperfekt** gebraucht, z. B.:

Die Hindernisfahrt, die unsere Klasse <u>organisiert hatte</u>, wurde ein großer Erfolg.

Das Plusquamperfekt ist eine **zusammengesetzte Zeitform**. Sie wird aus einer finiten Verbform (Präteritum der Hilfsverben *haben* oder *sein*) und einer infiniten Verbform (Partizip II) gebildet.

Verben

17 Sowohl Tim als auch Daniel (Aufgabe 14) nutzen noch andere Möglichkeiten zum Ausdruck der zeitlichen Stufung.
Suche aus beiden Texten solche Zeitangaben heraus.

> Um die Zeitstufen von Tätigkeiten, Vorgängen und Zuständen zum Ausdruck zu bringen, kannst du die **Zeitformen** (Tempusformen) der Verben nutzen:
>
> | | | |
> |---|---|---|
> | Präsens: | er startet | sie ruft |
> | Präteritum: | er startete | sie rief |
> | Perfekt: | er ist gestartet | sie hat gerufen |
> | Plusquamperfekt: | er war gestartet | sie hatte gerufen |
> | Futur I: | er wird starten | sie wird rufen |
>
> Du kannst die Zeitstufe auch mithilfe von **Zeitangaben** signalisieren, z. B. mit
>
> | | |
> |---|---|
> | Adverbien: | gestern, heute, morgen, dann, immer |
> | Substantiven mit Präposition (und Adjektiv): | am Sonntag, im Herbst, während des vergangenen Jahres |
> | Jahreszahlen: | 1914, 1990, 1871, 1756, 2020. |

18 Vervollständige die folgenden Sätze, indem du die richtigen Zeitformen einsetzt. Du kannst wählen. Entweder schreibst du die Sätze auf, wie Lea in einem Brief an ihre Oma formulieren würde, oder du schreibst einen Bericht für die Schülerzeitung.

(1) Gestern ... an unserer Schule ein Fahrradwettbewerb (stattfinden).
(2) Darauf ... ich mich schon wochenlang (vorbereiten).
(3) Das ... sich für mich (lohnen).
(4) Ich ... Erste bei den Mädchen (werden).
(5) Von allen Schülern der 6. Klassen ... ich die zweitbeste Zeit (erzielen).
(6) Als Preis ... ich einen schicken Fahrradhelm (bekommen).
(7) Ab September ... es eine Radsport-AG an unserer Schule (geben).
(8) Da ... ich natürlich (mitmachen).

Überlege:
– Welche Tätigkeiten bzw. Vorgänge liegen in der Vergangenheit, welche in der Zukunft? Welche Tätigkeit war bereits abgeschlossen, bevor eine andere begann?
– Welche Zeitformen der Verben kannst du für die jeweiligen Zeitstufen verwenden? Benutze die Übersicht, die du dir in Aufgabe 15 erarbeitet hast.

Beachte: In einer mündlichen Erzählung oder in einem Brief wird für die Vergangenheit meist das Perfekt gebraucht, im Bericht dagegen das Präteritum.

Aktiv- und Passivformen

19 Diese beiden Texte berichten über das gleiche Ereignis. Vergleiche sie miteinander. Wie wirken sie auf dich?

Text A:
Interview mit dem Bauingenieur K. über eine Spielpyramide:

„Gestern eröffneten wir in G. einen Spielplatz, für den unsere Firma eine 15 m hohe Seilpyramide gebaut hat. Unsere Firma ist weltweit Alleinhersteller dieser Seilspielgeräte. 1988 gründete der Architekt R. die Firma. Seither bauen wir Spielpyramiden und verschicken sie in die verschiedensten Länder. Besonderen Wert legen wir dabei auf die Sicherheit unserer Seilkonstruktionen. Durch die Pyramidenform erreichen wir, dass ein Kind niemals von der Mastspitze auf den Boden fallen kann. Seile und Maschenverbindungen fangen das Kind vorher ab."

Text B:

Eine Pyramide auf dem Spielplatz

Gestern wurde in G. ein Spielplatz eröffnet. Die Hauptattraktion ist eine 15 m hohe Seilpyramide, die von der Firma R. gebaut wurde. Die auch im Ausland bekannte Firma wurde 1988 gegründet. Durch die Pyramidenform wird erreicht, dass ein Kind niemals von der Mastspitze auf den Boden fallen kann. Die Kinder haben die Pyramide begeistert in Besitz genommen.

20 Versuche, den Unterschied zwischen beiden Texten genauer zu beschreiben. Bedenke dabei Folgendes:
– Was betont der Bauingenieur K.? Was ist für ihn wichtig?
– An wen wendet sich Text B? Auf welche Informationen wurde verzichtet? Warum wohl?

21 a Im blauen Kasten wird nur die Handlung benannt, nicht aber, wer die Handlung ausführt. Im grünen Kasten wird betont, wer für das Geschehen verantwortlich ist. Ordne die Sätze den Texten A und B auf S. 134 zu.

> Die Firma R. wurde 1988 gegründet.

> Der Architekt R. gründete 1988 die Firma.

b Welche Wortformen machen diese unterschiedliche Betonung oder Blickrichtung deutlich? Nenne sie in den beiden Sätzen.

> Wenn du in einem Text **die Handlung** betonen willst, nicht aber denjenigen, der handelt, kannst du Verbformen im **Passiv** verwenden.
>
> Wenn du in einem Text **den Handelnden** ausdrücklich nennen willst, verwendest du Verbformen im **Aktiv**:

Passivform	Aktivform
Die Firma R. wurde 1988 gegründet.	*Der Architekt R. gründete 1988 die Firma.*

22 a Lege die folgende Tabelle an. Suche aus den Texten A und B auf S. 134 alle Aktiv- und Passivformen mit den dazugehörigen Subjekten heraus und trage sie ein.

Aktiv	Passiv
Wir eröffneten … (Präteritum)	ein Spielplatz wurde eröffnet (Präteritum)
…	…

b Unterstreiche die Verbformen und bestimme die jeweilige Zeitform.

> **Passivformen** bildest du mit den Formen des **Hilfsverbs** *werden* und dem **Partizip II** eines anderen Verbs.

	Passivformen	Aktivformen
Präsens	*Die Uhr wird gestohlen.*	*Der Dieb stiehlt …*
Präteritum	*Die Uhr wurde gestohlen.*	*Der Dieb stahl …*
Perfekt	*Die Uhr ist gestohlen worden.*	*Der Dieb hat … gestohlen.*
Plusquamperfekt	*Die Uhr war gestohlen worden.*	*Der Dieb hatte … gestohlen.*
Futur I	*Die Uhr wird gestohlen werden.*	*Der Dieb wird … stehlen.*

Wortarten und Wortformen

23 a Beim Beschreiben von Tätigkeiten, z. B. in Gebrauchsanweisungen oder auch Koch- und Backrezepten, wird häufig die Passivform verwendet. Erkläre, warum das so ist.

b Suche einen solchen Text und kennzeichne darin die Passivformen.

 S. 47: *Beschreiben.*

24 Solche Polizeimeldungen kennst du aus der Tageszeitung:

> **Polizeireport**
> Dieb festgenommen. Horst W. (25) aus P. wurde von der Kriminalpolizei festgenommen und inhaftiert. W. war erst im März aus der Haft entlassen worden. Ihm war ein Einbruch in ein Juweliergeschäft nachgewiesen worden.

> **Verkehrsregelungen zum Open-Air-Konzert**
> Wegen des Open-Air-Konzerts am Sonnabend am Potsdamer Platz wurden gesonderte Verkehrsmaßnahmen festgelegt. Für die An- und Abfahrt der Besucher wird die Zugfolge der U-Bahn-Linie U2 verdichtet. Die Omnibuslinie, die zwischen Brandenburger Tor und Potsdamer Straße verkehrt, wird von der BVG ab 13 Uhr eingestellt.

a Schreibe aus diesen Meldungen alle Passivformen heraus. Um welche Zeitformen handelt es sich?

b Kannst du begründen, weshalb die Passivformen verwendet werden? Bedenke, wer die Meldungen lesen könnte, was der Leser erfahren will und was er schon weiß.

c Manchmal wird auch bei Passivformen derjenige genannt, der die Handlung ausführt. Suche aus den Meldungen solche Passivformen heraus. Welches Wörtchen hilft dabei?

25 Formuliere die folgenden Sätze zu typischen Polizeimeldungen um. Verwende dabei Passivformen und entscheide, ob es nötig ist, den jeweils Handelnden zu nennen.
(1) Ein Krankenwagen brachte den Schwerverletzten ins Krankenhaus.
(2) Die Polizei fasste den Bankräuber kurz nach dem Überfall in der Brunnenstraße.
(3) Ein Pkw-Fahrer (37) verursachte Sonntagnacht einen schweren Verkehrsunfall.

 S. 57: *Berichten.*

Präpositionen (Verhältniswörter)

1 Lies den folgenden Text aufmerksam durch.

(1) Am 16. April 1811 erhebt sich in Berlin die erste deutsche Frau mit einem Ballon in die Lüfte – und landet sicher wieder auf der Erde: Wilhelmine Reichard. (2) Sie stammt aus Braunschweig und ist gerade erst 23 Jahre alt. (3) Angeregt und unterstützt durch ihren Mann absolviert sie zwischen den Jahren 1811 und 1820 insgesamt 17 Ballonfahrten. (4) Am 30. September 1811 startet Wilhelmine Reichard auch in Dresden. (5) Das Wetter ist ungünstig. (6) Dennoch wagt sie den Aufstieg und erreicht eine Rekordhöhe von ca. 7800 Metern. (7) Dabei verliert sie das Bewusstsein. (8) Der Ballon zerreißt und stürzt in der Sächsischen Schweiz ab. (9) Die Ballonfahrerin überlebt zum Glück. (10) Von Kennern der Luftfahrtgeschichte wird Wilhelmine Reichard als Pionierin der Luftfahrt bezeichnet. (11) Ihre wissenschaftlichen Beobachtungen und Messungen während der Ballonfahrten sind bis heute erhalten.

a Vergleiche den folgenden Satz mit Satz (1) im Text. Welche Wörter fehlen hier?

16. April 1811 erhebt sich Berlin die erste deutsche Frau ein Ballon die Lüfte – und landet sicher wieder die Erde.

b Suche aus dem Text weitere solche Wörter heraus. Warum sind die Sätze missverständlich, wenn diese Wörter weggelassen werden?

Präpositionen (Verhältniswörter) setzen Wörter zueinander in Beziehung.
Sie **bestimmen** den **Kasus (Fall) des Substantivs** (oder Pronomens) und seiner Begleiter.

aus, bei, mit, nach, seit, von, zu	*durch, für, gegen, ohne, um*	*an, auf, hinter, in, neben, über, unter, vor, zwischen*
↓	↓	↙ ↘
Dativ (3. Fall)	Akkusativ (4. Fall)	Dativ oder Akkusativ

Mit der **Frageprobe** kannst du den Fall (Kasus) des Substantivs herausfinden, z. B.:
Sophie spielt mit ihrem Bruder. (Mit wem?) → Dativ
Sie kümmert sich um ihren Bruder. (Um wen?) → Akkusativ
Das Buch liegt auf dem Tisch. (Wo?) → Dativ
Ich lege das Buch auf den Tisch. (Wohin?) → Akkusativ

Wortarten und Wortformen

2 a Schreibe aus dem Text alle Wortgruppen mit einer Präposition heraus. Ordne sie in die folgende Tabelle ein. Entscheide mithilfe der richtigen Frage.

Präpositionen mit dem Dativ Fragen: Wann? Wo? Mit wem / Womit? …	Präpositionen mit dem Akkusativ Fragen: Wohin? Durch wen? …
am 16. April	in die Lüfte

b Bei welchen Beispielen ist die Präposition mit der Endung des bestimmten Artikels verschmolzen?

3 a Schreibe aus der Tabelle in Aufgabe 2a alle Wortgruppen heraus, in denen die Präposition ein räumliches oder ein zeitliches Verhältnis ausdrückt.
Welche Fragen helfen dir bei der Unterscheidung?

Schreibe: räumliches Verhältnis: in Berlin, …
zeitliches Verhältnis: am 16. April, …

➡ S. 110: *Adverbialbestimmung*.

b Suche weitere Präpositionen mit einer räumlichen oder zeitlichen Bedeutung. Bilde mit ihnen und mit Substantiven (oder Pronomen) Wortgruppen. Ordne diese den beiden Gruppen aus Aufgabe a zu.

4 Eine Präposition – zwei verschiedene Fälle:

Der Ballon stürzt auf die Erde. – Der Ballon landet auf der Erde.

a In welchem Satz steht nach *auf* der Dativ, in welchem der Akkusativ?
Welche Fragewörter helfen dir beim Unterscheiden der beiden Fälle?

b Du weißt, auch die Präpositionen *an, hinter, in, neben, über, unter, vor* und *zwischen* können den Dativ oder den Akkusativ verlangen. Schreibe je ein Satzpaar auf.

5 Setze die Wörter in Klammern in den Fall, den die Präposition verlangt.

ohne (ein Hinweis), ohne (du), ohne (er), gegen (der Vorschlag), gegen (sie),
für (sein Freund) sprechen, sich für (er) einsetzen, für (sie) stimmen,
das Wetter in (die nächsten Tage), Eis mit (gemischte Früchte) essen,
der Anruf vor (einige Stunden), eine Fahrt mit (viele Hindernisse),
Spiegelei mit (knusprige Bratkartoffeln), im Garten hinter (das Haus) sein,
in (der Park) gehen – in (der Park) spielen,
zwischen (die Fenster) stellen – zwischen (die Fenster) stehen

Substantive / Nomen

1 Julia und ihr Bruder Daniel haben in den Sommerferien in Österreich Motordrachenflieger beobachtet. Darüber hat Daniel für den Deutschunterricht einen Text geschrieben. „Den kannst du doch unmöglich so abgeben", war Julias Reaktion.

a Warum nicht? Prüfe, was Daniel unbedingt ändern muss.

> Motordrachen am österreichischen himmel
>
> Ultraleichtflugzeuge (UL genannt) sind moderne motordrachen für den Freizeitpiloten. Mit ihren drachenflügeln, ihrem offenen cockpit und ihrem Rohrgestell erinnern sie an die allerersten flugzeuge. Ihre reise-geschwindigkeit beträgt 60-80 km/h. Der pilot muss den Motordrachen mit seinem körpergewicht steuern. Mit einem ultraleichtflugzeug darf man nur von einem flugplatz aus starten. Ohne flugschein darf man einen solchen Motordrachen nicht steuern.

b Suche aus dem Text alle Substantive heraus. Woran erkennst du sie? Schreibe den Text ab und achte auf die richtige Schreibung der Substantive.

 S. 170: *Großschreibung der Substantive.*

Du weißt, **Substantive** bezeichnen z. B. Lebewesen und Gegenstände und werden häufig von einem Artikel oder Pronomen (z. B. Possessivpronomen) angekündigt und begleitet. Substantive können in vier Fällen (Kasus) auftreten, die du mit der **Frageprobe** ermitteln kannst:

		Frageprobe	Beispiel
Nominativ	(1. Fall)	Wer? / Was?	*das Flugzeug*
Genitiv	(2. Fall)	Wessen?	*des Flugzeugs*
Dativ	(3. Fall)	Wem?	*dem Flugzeug*
Akkusativ	(4. Fall)	Wen? / Was?	*das Flugzeug*

---

2 a Welche Substantive im Dativ hat Daniel (Aufgabe 1) verwendet? Erkläre, warum.

b Bestimme alle anderen Substantive nach ihrem Fall und begründe die Verwendung.

Wortarten und Wortformen

Es gibt Verben und Präpositionen, nach denen Substantive in einem bestimmten Fall (Kasus) stehen müssen, z. B.:

sich annehmen, sich enthalten	verlangen den **Genitiv**.
danken, begegnen	verlangen den **Dativ**.
ändern, lesen	verlangen den **Akkusativ**.
während, wegen, aufgrund, anlässlich	verlangen den **Genitiv**.
nach, zu, aus, entgegen, gegenüber	verlangen den **Dativ**.
gegen, ohne, um, bis, für	verlangen den **Akkusativ**.

➡ S. 113: *Objekt*. S. 110: *Adverbialbestimmung*. S. 137: *Präpositionen*.

3 Bildet aus den folgenden Angaben vollständige Sätze und schreibt sie auf. Unterstreicht Verben und Substantive und stellt fest, welchen Fall die Verben verlangen.

verwirklichen	Otto Lilienthal; als Erster; der Menschenflug
unternehmen	Lilienthal; 1891; sein erster Gleitflug
vorausgehen	sein tödlicher Absturz im Jahre 1896; zweitausend erfolgreiche Starts
vermitteln	Lilienthal; sein Wissen; in vielen Veröffentlichungen; interessierte Menschen
widmen	Lilienthal; sein Leben; der Gleitflug

Schreibt:
Otto Lilienthal verwirklichte als Erster den Menschenflug. (Akkusativ)

4 a Schreibe den folgenden Text ab und setze die in Klammern stehenden Substantive im richtigen Fall ein. Unterstreiche die Präpositionen.

Frauen in ihren „fliegenden Kisten"

(1) Raymonde Delaroche flog 1909 als erste Pilotin der Welt mit … (ein Zweidecker) 300 m weit. (2) Für … (eine Zeitdauer) von … (sieben Minuten) konnte sich ihr Zweidecker in … (die Luft) halten. (3) Aufgrund … (dieser spektakuläre Flug) erhielt sie dafür 1910 den Pilotenschein. (4) 1913 beteiligte sich Delaroche an … (ein Wettbewerb) für … (Pilotinnen) und gewann. (5) Während … (der Zeitraum) zwischen 1910 und 1914 erwarben über vierzehn Frauen in … (die ganze Welt) den Pilotenschein. (6) Dabei wurde ihnen der Weg zu … (der Erfolg) von … (die männliche Konkurrenz) nicht leicht gemacht.

b Bestimme den Fall der Substantive.

Pronomen (Fürwörter)

1 a Welche Wörter werden anstelle der unterstrichenen Substantive in den jeweils folgenden Teilsätzen oder Sätzen verwendet?

Die Entwicklung des Heißluftballons

<u>Die Brüder Montgolfier</u> waren französische Papierfabrikanten. Ihr Interesse galt der Luftfahrt. Sie fertigten Papiersäcke an und versuchten, sie mithilfe von Wasserdampf in die Höhe steigen zu lassen. Doch ihre Versuche schlugen fehl. Im Jahre 1780
5 machte <u>Josef Montgolfier</u> die Beobachtung, dass Rauch in die Höhe steigt. Er kam auf die Idee, erhitzte Luft für Flugversuche zu nutzen. <u>Die beiden Brüder</u> nähten mehrere Stoffbahnen kugelförmig zu einem <u>Heißluftballon</u> zusammen. An ihm befestigten sie einen Korb, um darin erstmals in der Fluggeschichte Lebewesen flie-
10 gen zu lassen. Für seinen Aufstieg verbrannten sie 40 kg Stroh und 2,5 kg Schafwolle. Nach 4 km Luftfahrt landeten die ersten Passagiere, ein Hammel, ein Hahn und eine Ente, wieder sicher auf der Erde.

b Was wird durch die Verwendung der Pronomen erreicht?

2 Versuche, den folgenden Text durch Pronomen flüssiger zu gestalten.

Sascha, der Freund meines Bruders, ist Fallschirmspringer. Zu Saschas 16. Geburtstag bekam Sascha einen Tandemsprung geschenkt. Bei diesem Sprung wird der Passagier einem erfahrenen Fallschirmspringer vor den Bauch geschnallt. Bei einer Höhe von 2500–4000 m springen beide zusammen ab. Sascha konnte den ersten Sprung, den Sascha machte, richtig genießen, denn Sascha musste sich um nichts kümmern. Der Tandemspringer steuerte den Flug, zog bei 1200 m Höhe den Fallschirm und sorgte für eine sanfte Landung. Dieser Tandemsprung hat Sascha großartig gefallen.

Du weißt, **Pronomen** treten **als Begleiter** oder **als Stellvertreter von Substantiven** auf.

Personalpronomen stehen für eine **Person** oder **Sache**:
ich, du, er/sie/es; wir, ihr, sie.

Possessivpronomen zeigen den **Besitzer** oder die **Zugehörigkeit** an:
mein, dein, sein/ihr/sein; unser, euer, ihr.

3 Wiederholungen von Substantiven wirken meist schwerfällig. Du kannst sie vermeiden, indem du Sätze durch Personal- oder Possessivpronomen verknüpfst. Du kannst auch Relativpronomen nutzen.

S. 124: *Relativsätze / Relativpronomen*.

a Probiere die Verknüpfung durch Relativpronomen einmal mit folgenden Sätzen aus. Achte dabei auf die Kommasetzung.

Schwerverbrecher als erste Flugpassagiere?

(1) Am Ende des 18. Jahrhunderts erlebte Frankreich den ersten bemannten Ballonflug. Frankreich wurde damals von König Ludwig XVI. regiert.
(2) König Ludwig XVI. hatte befohlen, als Passagiere Schwerverbrecher zu nehmen. Die Schwerverbrecher waren wegen Raubmordes zum Tode verurteilt worden.
(3) Am 21. November 1783 erhob sich ein Heißluftballon (eine Montgolfiere) in die Luft. Der Ballon war prächtig bemalt.
(4) An Bord waren aber ein Freund der Brüder Montgolfier und Marquis d'Arlandes. Der Marquis hatte den König umgestimmt.
(5) Der König ließ keine Raubmörder fliegen. Die Raubmörder hätten dem Ansehen Frankreichs geschadet.
(6) Im Dezember 1783 erlebte Paris dann den Aufstieg des ersten Gasballons. Den Gasballon hatte der Physiker Jacques Charles gebaut.

> **Relativpronomen** leiten einen Nebensatz ein und beziehen diesen in der Regel auf ein vorangegangenes Substantiv:
>
> *Der französische König, der damals regierte, war Ludwig XVI.*
>
> **Relativpronomen** können auch mit einer Präposition verwendet werden:
> *Der erste Ballon, mit dem Menschen flogen, hieß Montgolfiere.*

b Schau deine Sätze noch einmal genauer an. Kennzeichne mit einem Pfeil (siehe Rahmen), auf welche Substantive sich die Relativpronomen jeweils beziehen.

S. 166: *das* oder *dass*?

Adjektive (Eigenschaftswörter)

1 a Mit den folgenden Adjektiven kann der Text „Tod einer Ballonfahrerin" informativer und lebendiger gestaltet werden. An welchen Stellen würdest du sie jeweils ergänzen?

französisch, mutig, erfolgreich, kaiserlich, zahlreich, bekannt, sensationell, lodernd, außergewöhnlich, verzweifelt, brennend

Tod einer Ballonfahrerin

Sophie Blanchard war eine Ballonfahrerin. Die Frau führte die Luftschifffahrt ihres Mannes nach dessen Tod 1809 weiter. Deshalb wurde sie von Napoleon I. zur Aeronautin ernannt. Ihre Reisen führten sie durch ganz Europa. Am 7. Juli 1819 wollte sie über einem Vergnügungspark in Paris ein Raketenfeuerwerk abbrennen. Ein Feuerwerkskörper hatte sich jedoch entzündet und dadurch den Ballon in Brand gesetzt. Zunächst hielt das Publikum den Ballon für eine Attraktion, bis es erkannte, dass die Ballonfliegerin mit den Flammen kämpfte. Der Ballon stürzte aus 300 m Höhe ab und zerbarst auf dem Dach eines Hauses.

b Vier der Adjektive sind aus Partizipien hervorgegangen. Suche sie heraus. Handelt es sich jeweils um ein Partizip I oder II? Wie heißen die dazugehörigen Infinitive?

> **Adjektive** (Eigenschaftswörter) bezeichnen Eigenschaften und Merkmale.
> Sie sind deklinierbar und größtenteils auch komparierbar (steigerbar):
>
> | Positiv | Komparativ | Superlativ |
> |---|---|---|
> | *mutig* | *mutiger* | *am mutigsten* |
>
> Adjektive stehen oft vor einem Substantiv, das sie näher charakterisieren, und stimmen mit diesem in Fall (Kasus) und Zahl (Numerus) überein:
> *Sophie Blanchard war <u>eine mutige Frau</u>.* (Nominativ Singular)

 S. 116: *Attribut*. S. 47: *Beschreiben*. S. 128: *Partizipien*.

2 Steigerungsformen könnt ihr dort gebrauchen, wo verglichen wird. Vergleicht die folgenden Angaben miteinander. Nutzt dazu die Formulierungen:
wie, genauso ... wie, länger als, größer als, kleiner als

Rostock – Berlin (237 km)	– Frankfurt/Oder – Nürnberg (499 km)
Schwerin – Leipzig (364 km)	– Rostock – Osnabrück (367 km)
Nil (6671 km)	– Mississippi (3658 km)

Schreibt:
Die Entfernung zwischen ... und ... ist größer als die zwischen ... und ... .

Numeralien (Zahlwörter)

Ein **Numerale** (Zahlwort) gibt eine Menge oder eine Anzahl an.
Du kannst zwei Arten unterscheiden:

– unbestimmte Numeralien: *alle, viele, einige, wenige, mehrere;*
– bestimmte Numeralien: *eins, zwei, drei, hundert, tausend; erster, zweiter, dritter.*

 S. 116: *Attribut.*

1 Suche alle Numeralien aus dem Text heraus und schreibe sie auf. Ordne sie nach bestimmten und unbestimmten Numeralien.

Der Preis der Daily Mail

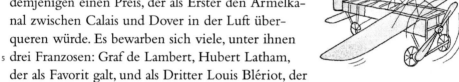

Die englische Zeitung Daily Mail versprach 1909 demjenigen einen Preis, der als Erster den Ärmelkanal zwischen Calais und Dover in der Luft überqueren würde. Es bewarben sich viele, unter ihnen
5 drei Franzosen: Graf de Lambert, Hubert Latham, der als Favorit galt, und als Dritter Louis Blériot, der von der Konkurrenz als Pechvogel nicht ernst genommen wurde. Blériot hatte fast sein gesamtes Vermögen für seine Flugleidenschaft ausgegeben und mehrere Flugzeuge gebaut. Zehn Flugzeuge waren Misserfolge. Mit letzten eigenen Geldmitteln
10 baute er die elfte Maschine und mit ihr fuhr er nach Calais. Hubert Latham war bereits am 19. Juli 1909 gestartet. Mitten über dem Kanal setzte der Motor aus und der Flieger musste mitsamt seiner Maschine aus dem Wasser gefischt werden. Vier Tage später startete Blériot in Calais und landete nach 31 Minuten Flugzeit glücklich auf englischem Boden. Latham übrigens bewältigte einige Monate später
15 den ersten Überlandflug in Deutschland. Er flog vom Tempelhofer Feld nach Berlin-Johannisthal, eine Strecke von 20 km. Für diese fliegerische Leistung erhielt er von der Berliner Polizei ein Strafmandat wegen „groben Unfugs".

Adverbien (Umstandswörter)

1 Wenn du die unterstrichenen Wörter in dem folgenden Text weglässt, merkst du, dass wesentliche Angaben fehlen. Welche?

Draußen weht ein heftiger Wind. Schon gestern war es eiskalt. Das Thermometer zeigte bereits abends 20°C unter Null. Nachts hat es ziemlich viel geschneit. Überall gibt es Schneeverwehungen und glatte Straßen. Infolgedessen müssen die Autofahrer heute den ganzen Tag über besonders vorsichtig sein.

Numeralien / Adverbien

Mithilfe von **Adverbien** (Umstandswörtern) kannst du die näheren Umstände eines Geschehens oder Zustands bezeichnen, z. B.:

den Grund: *deshalb, daher,* die Art und Weise: *gern, anders,*
die Zeit: *manchmal, oft,* den Ort: *hier, oben.*

 S. 110: *Adverbialbestimmung.*

2 Schreibe die Tabelle ab und ordne die Adverbien aus dem Text von Aufgabe 4 ein.

Adverbien

des Grundes	der Zeit	der Art und Weise	des Ortes
Warum?	Wann?	Wie? Auf welche	Wo? Woher?
Wieso?	Wie lange?	Art und Weise?	Wohin?
...	...	...	...

3 a Adverb oder Adjektiv? In dem folgenden Text sind alle Adjektive und Adverbien gekennzeichnet.
Schreibe nur die Adverbien heraus. Ermittle sie mithilfe der Fragen aus der Tabelle in Aufgabe 5.

Bei der Unterscheidung hilft dir: Adjektive kannst du deklinieren, Adverbien nicht.

Die *amerikanische* Pilotin Amelia Putnam-Earhart war die erste Frau, die den Atlantik *allein* überquert hat. Sie startete am 20. Mai 1932 *früh* in Neufundland. Von *dort* bis zur Landung in Nordirland benötigte sie 13 Stunden. Die *mutige* Sportlerin berichtete *später* über ihr *wagemutiges* Experiment, sie habe *damals* beschlossen, allein den Atlantik zu überfliegen, um sich und allen zu beweisen, dass eine Frau mit *entsprechender* Erfahrung es schaffen könne. Dabei war der Flug ziemlich *gefährlich* gewesen. Bei sehr *schlechtem* Wetter war ihre Maschine ins Trudeln geraten und 3000 Fuß fast *senkrecht* in die Tiefe

gestürzt. 1937 plante sie *wieder* ein *tollkühnes* Unternehmen: Sie wollte entlang dem Äquator um die Welt fliegen, eine Route, die *zuvor* noch *nie* geflogen worden war. Dabei kam sie ums Leben.

b Ordne die Adverbien in die Tabelle von Aufgabe 5 ein.

Konjunktionen (Bindewörter)

Um Wörter, Wortgruppen und Teilsätze miteinander zu verbinden, kannst du **Konjunktionen** (Bindewörter) verwenden. Sie kennzeichnen:

Reihungen/Aufzählungen:	*und, sowie, sowohl … als auch …,*
Gegensätze:	*aber, jedoch, sondern,*
zeitliche Beziehungen:	*als, seit(dem), während, wenn,*
Gründe:	*weil, denn,*
Folgen:	*dass, sodass.*

➡ S. 120: *Zusammengesetzte Sätze.* S. 123: *Konjunktionalsätze.*

1 Suche alle 10 Konjunktionen aus dem folgenden Text heraus und bestimme sie.

(1) Flugtüchtige Ballons kannte man schon über 100 Jahre, jedoch ließen sich diese nicht manövrieren. (2) Eine Lösung bot sich dafür erst, als in den letzten Jahren des 19. Jh. leichte, aber zugleich leistungsstarke Benzinmotoren entwickelt wurden. (3) Nachdem der Graf 1908 mit seinem 4. Zeppelin eine 12-stündige Tour in die Schweiz und zurück unternommen hatte, erwarb zunächst das Militär einige Zeppeline. (4) Seit sich Ferdinand von Zeppelin auf die Passagierbeförderung verlegt hatte, wurden zwischen 1911 und 1914 mehr als 34 000 Passagiere in den Gondeln befördert. (5) Am 6. Mai 1937 kam die Katastrophe und damit das vorläufige Ende der Zeppeline, denn bei einer Explosion des mit 245 m größten bis dahin gebauten Exemplars wurden 36 Menschen getötet. (6) Als kurz darauf Flugzeuge die Himmelsriesen ablösten, schien das Ende der Zeppeline besiegelt zu sein.

2 Zwischen den Sätzen der folgenden Satzpaare bestehen Beziehungen des Grundes oder Beziehungen der Zeit. Diese kannst du verdeutlichen, indem du die Sätze mithilfe einer Konjunktion zu einem zusammengesetzten Satz verbindest.

(1) Zeppeline eignen sich für Umweltbeobachtungen und Messungen der Atmosphäre. Zeppeline schweben ruhig und langsam und stören empfindliche Messgeräte nicht durch starke Schwingungen. (2) Am 2. Juli 2000 wurde der Bau von Zeppelinen wieder aufgenommen. Ende der 30er Jahre war die Produktion dieser Luftschiffe eingestellt worden. (3) Die Luftschiffe des 21. Jahrhunderts sind sicherer geworden. Die Zeppeline verwenden heute als Traggas anstelle des explosiven Wasserstoffs das nicht brennbare Helium.

Wortbedeutung

Wortfelder

> Du weißt, Wörter und sprachliche Wendungen, die eine ähnliche Bedeutung haben, bilden ein **Wortfeld**. Ein Wortfeld besteht aus Wörtern einer Wortart. Je mehr Wörter eines Wortfeldes du kennst, desto **genauer** und **differenzierter** kannst du dich **ausdrücken**.

→ S. 30: *Erzählen*. S. 47: *Beschreiben*. S. 57: *Berichten*. S. 98: *Einen Text überarbeiten*.

1 a Ersetze die unterstrichenen Wörter bzw. Wortgruppen jeweils durch ein treffendes Verb aus dem Wortfeld „gehen".

(1) Die Soldaten <u>gehen im Gleichschritt</u> aus der Kaserne.
(2) Ulla <u>geht schnell</u> zu ihrer Freundin.
(3) Der Pfau <u>geht stolz</u> in seinem Gehege umher.
(4) Die Besucher <u>gehen langsam</u> durch das Stadtzentrum.
(5) Die Urlauber <u>gehen zur Erholung</u> um den See.
(6) Ulli <u>geht ungleichmäßig</u>, weil er sich den Fuß verstaucht hat.

b Wie beurteilst du die neuen Sätze mit den unterschiedlichen Verben im Vergleich zu den alten?

c Suche möglichst viele Wörter (Verben) zu dem Wortfeld „sehr schnell laufen bzw. fahren". Darunter können auch umgangssprachliche Wörter sein.
Verwende die Verben in einem Satz.

Schreibe: rasen: Kai rast über den Schulhof.

2 a Sammle alle dir bekannten Wörter zum Wortfeld „sprechen, sich äußern".

erzählen
sprechen, sich äußern
schreien

b Was bedeuten die einzelnen Wörter genau?
Erkläre die Bedeutungsunterschiede jeweils an einem Beispielsatz oder einer kurzen Geschichte.
Du kannst dich auch mit deiner Nachbarin/deinem Nachbarn austauschen.

Über- und Unterordnung

Du weißt, bedeutungsverwandte Wörter kannst du in **Oberbegriffe** und **Unterbegriffe** einteilen. Oberbegriffe haben eine allgemeinere, Unterbegriffe eine speziellere Bedeutung.

Ein und dasselbe Wort kann einerseits Oberbegriff sein, z. B.:
<u>Laubbaum</u>: Birke, Eiche, …,

andererseits auch Unterbegriff sein, z. B.:
Baum: <u>Laubbaum</u>, Nadelbaum.

3 Suche zu den folgenden Oberbegriffen jeweils möglichst viele Unterbegriffe.

Schreibgerät, Haustier, Musikinstrument, Getreide, Schwimmstil

Schreibe: Schreibgerät: Kugelschreiber (Kuli), …

4 a Suche zu den folgenden Reihen von Unterbegriffen jeweils den Oberbegriff.

Stuhl – Tisch – Sessel, Fluss – Bach – Ozean, schwarz – blond – grau, gehen – fliegen – fahren, Brot – Brötchen – Pfannkuchen

Schreibe: Stuhl – Tisch – Sessel = …

b Erweitere die Reihe der Unterbegriffe.

5 Stelle aus den folgenden Wörtern und Wortgruppen jeweils die beiden zusammen, die einen Oberbegriff und einen Unterbegriff darstellen.

Blume – Reck – lachen – Säugetier – Jacke – Gewässer – essen – Hai – Zubereitung von Fleisch – Sportgerät – Fisch – Ozean – schmatzen – Wal – kichern – Rose – Kleidung – braten

Schreibe: Blume – Rose, … – Reck, lachen – …

6 a Suche zu den folgenden Wörtern jeweils einen Oberbegriff.

Obstbaum, Vogel, Lokomotive, Mittelgebirge

b Welche Wörter könnte man den oben genannten Beispielen als Unterbegriffe zuordnen?

Über- und Unterordnung | 149

c Du kannst die Beziehung zwischen Ober- und Unterbegriffen auch in einer so genannten Begriffsleiter darstellen.

Setze die in Aufgabe a gefundenen Wörter auf die jeweils richtige Stufe der Begriffsleiter.

Schreibe:

d Du kannst auf der Stufe eines Unterbegriffs auch mehrere Wörter einsetzen.

Zeichne ähnliche Schemata zu den Beispielen aus Aufgabe a.

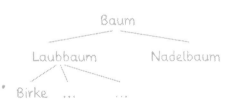

> Du weißt, in einer **Mindmap** kannst du gesammelte **Informationen bildhaft anordnen.** Von dem Thema in der Mitte zweigen Hauptgedanken (Oberbegriffe) ab, von diesen dann speziellere Gedanken (Unterbegriffe und Beispiele).
> Mithilfe einer Mindmap kannst du z. B. einen **Vortrag gliedern**, indem du Teile mit jeweils einem inhaltlichen Schwerpunkt erarbeitest, Überschriften dazu formulierst und die Reihenfolge der Teile festlegst.

 S. 82: *Sachtexten Informationen entnehmen.* S. 101: *Einen Kurzvortrag halten.*

7 Sammelt Informationen zu dem Thema „Fußballweltmeisterschaft".
Entwerft dazu eine Mindmap.
Wie könntet ihr daraufhin euren Kurzvortrag gliedern?

Wortbildung

Zusammensetzungen

1 a Du kennst sicher diese oder ähnliche Wörter aus der Werbung. Überlege, warum sich die Werbeleute so kurz fassen.

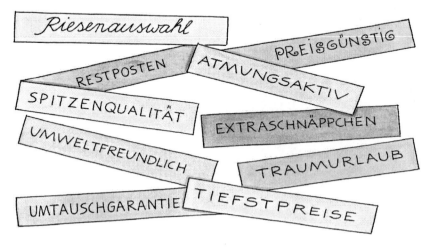

b Unterscheide bei jeder dieser Zusammensetzungen zwischen Bestimmungswort und Grundwort und bestimme jeweils die Wortart.

c Verwende die Zusammensetzungen in vollständigen Sätzen. Setze das Wort aber nicht an den Satzanfang. Schreibst du es jeweils mit großem oder mit kleinem Anfangsbuchstaben? Begründe deine Schreibung.

> **Zusammensetzungen** entstehen, wenn zwei oder mehr Wörter zu einem neuen Wort mit einer neuen Gesamtbedeutung zusammengefügt werden. Sie bestehen immer aus einem **Grundwort** (Gw) und einem **Bestimmungswort** (Bw). Manchmal wird noch ein **Fugenelement** (F) eingefügt, z. B.:
>
> Katze + Futter =   Katze   n   futter   Umwelt + freundlich = umweltfreundlich
>
>   Substantiv Bw F Gw   Adjektiv   Bw   Gw
>
> Entscheidend für die Groß- oder Kleinschreibung des zusammengesetzten Wortes ist die Wortart des Grundwortes.

2 Suche aus den Werbeseiten von Zeitungen und Zeitschriften zusammengesetzte Substantive, Adjektive und Verben heraus. Markiere Grund- und Bestimmungswort.

Zusammensetzungen 151

3 Bilde zusammengesetzte Wörter und schreibe sie auf. Prüfe, ob du sie groß- oder kleinschreiben musst (Substantiv oder Adjektiv?), und markiere das Fugenelement.

Einwand – frei	Breite – Grad	hoch – Straße
Riese – groß	Tanne – Baum	leicht – gläubig
Bild – Buch	Jahr – Zeit	an – nehmen
Kalb – Braten	Wert – voll	auf – fangen
Geburt – Tag	blau – Meise	Marine – blau

4

fest, schwarz, leicht, frisch

trocken, schnell, gelb, scharf

a Jedes Bild steht für ein Substantiv. Bilde aus diesen Substantiven und den angeführten Adjektiven Zusammensetzungen. Ordne sie nach folgendem Muster:

① Adjektiv + Substantiv
   Bw   Gw

② Substantiv + Adjektiv
   Bw   Gw

b Gib an, welche Gruppe zusammengesetzte Substantive sind.
Wie heißt die andere Gruppe?

5 Zusammengesetzte Adjektive ersparen dir lange, umständliche Erklärungen.
Wie kannst du es in einem Wort sagen?

(1) eine Wimperntusche, die im Wasser nicht verwischt
(2) ein Lippenstift, der angeblich alle Küsse übersteht
(3) eine Verpackung, die keine Luft hereinlässt
(4) eine Waschmaschine, die kaum Geräusche macht
(5) eine Mahlzeit, die viele wertvolle Nährstoffe enthält
(6) ein Getränk, das wenig Vitamine enthält

S. 32: *Schriftliches Erzählen*. S. 98: *Einen Text überarbeiten*. S. 143: *Adjektive*.

Wortbildung

Ableitungen

Durch das Anfügen von **Präfixen** (Vorsilben) und **Suffixen** (Nachsilben) an Wortstämme entstehen **Ableitungen**, z. B.

	PÜNKT	LICH			URTEIL	EN
UN	PÜNKT	LICH		BE	URTEIL	EN
UN	PÜNKT	LICH	KEIT	BE	URTEIL	UNG

Ableitungen können auch durch **Veränderung des Wortstamms** entstehen.
küssen – K<u>u</u>ss   b<u>i</u>nden – B<u>a</u>nd, B<u>u</u>nd

1 Wiederholt: Welche Suffixe signalisieren Groß-, welche Kleinschreibung? Legt eine Tabelle an. Ordnet die folgenden Suffixe ein und schreibt je zwei Beispiele daneben.

| -heit | -lich | -in | -isch | -keit | -lein | -nis | -sam | -schaft | -ung | -ig |

Schreibt:

Großschreibung	Kleinschreibung
-heit: Klugheit, Freiheit	-lich: fröhlich, lieblich
…	…

 S. 170: *Groß- und Kleinschreibung.*

2 *-ig, -lich* oder *-isch*? Schreibe den Text ab und ergänze die fehlenden Suffixe.

Wetterbericht

(1) An der französ… und italien… Riviera ist es zeitweise wolk…, aber trocken. (2) Von Korsika bis Malta bleibt das Wetter freund… und sonn…. (3) Die Temperaturen steigen tagsüber auf 30 °C. (4) Das Wetter im Alpenraum ist nach wie vor unbeständ…. (5) In den höheren Lagen muss zum Teil mit gefähr… Nebelwänden gerechnet werden. (6) Im nörd… Deutschland sorgen stürm… Winde für Aufheiterungen, aber auch für weiterhin niedr… Temperaturen. (7) Süd… des Mains halten sich anfangs viele Wolken, die ört… Schauer bringen. (8) Es weht ein schwacher bis mäß… Wind.

Ableitungen

> *Knallig, aber sommerlich!*
>
> Beide Suffixe werden gleich gesprochen, aber unterschiedlich geschrieben. Hier helfen zwei dir bereits bekannte **Proben**:
>
> **Zerlegeprobe:** Zerlege das Wort in seine Wortbauteile. Endet der Wortstamm auf *-l*, folgt das Suffix *-ig*:
>
> knall | ig, aber: *fröh* | *lich*.
>
> **Verlängerungsprobe:** Verlängere das Wort und achte auf die Aussprache. Jetzt hörst du, wie du das Suffix schreiben musst:
>
> *knallige Farben*, aber: *sommerliche Temperaturen*.

3 Schreibe die folgenden Adjektive ab und zerlege sie durch senkrechte Striche in Wortstamm und Suffix. Nutze in Gedanken die Verlängerungsprobe.

auffällig, überzählig, herrlich, selig, ehemalig, künftig, königlich, ölig

4 Ihr könnt am besten überprüfen, ob ihr die Adjektive auf *-ig, -lich, -isch* richtig schreiben könnt, wenn ihr sie euch gegenseitig diktiert. Wendet auch hier die Proben an.

Partnerdiktat A: langweilig, eilig, künstlich, wacklig, niedlich, wollig
Partnerdiktat B: knallig, ärgerlich, völlig, einmalig, beharrlich, wink(e)lig

5 Übertrage die folgende Tabelle in dein Heft. Ergänze in jeder Spalte weitere Adjektive mit den jeweiligen Suffixen.

-sam	-haft	-bar
schweigsam	dauerhaft	genießbar
wirksam	krankhaft	essbar
...	...	...

6 Wie ist es richtig? Nutze als Entscheidungshilfe die Zerlegeprobe: Zerlege das abgeleitete Verb in Wortstamm und Präfix.

verrechnen	oder	verechnen?	beilen	oder	beeilen?
zereißen	oder	zerreißen?	endecken	oder	entdecken?
enttäuschen	oder	entäuschen?	eröten	oder	erröten?
erraten	oder	eraten?	verühren	oder	verrühren?

Wortfamilien

	TRINK	EN
	TRINK	GELD
AUS	TRINK	EN
	TRANK	
GE	TRÄNK	
ER	TRÄNK	EN
BE	TRUNK	EN
UM	TRUNK	

Du weißt, Wörter mit einem gemeinsamen Wortstamm sind miteinander verwandt und werden gleich oder ähnlich geschrieben. Sie bilden eine **Wortfamilie**.

Wortfamilien entstehen durch Ableitungen und Zusammensetzungen.

1 a Welche weiteren Wörter fallen dir ein, die zur Wortfamilie „trinken" gehören?

  b Kannst du am Beispiel „trinken" erklären, was der Unterschied zwischen einem Wortfeld und einer Wortfamilie ist?

➡ S. 147: *Wortfelder*.

2 a Betrachte den „Wörterbaum" und nenne den allen Wörtern gemeinsamen Wortstamm.

  b Schreibe die Wörter getrennt nach Ableitungen und Zusammensetzungen heraus und ergänze weitere Wörter.

Richtig schreiben

Aus Fehlern lernen

1 Die deutsche Rechtschreibung ist gar nicht so schwer. Kinder in England und in Frankreich haben es im Vergleich zu uns nicht so leicht, wie du an den folgenden Beispielen sehen kannst. Zwar schreibt man hier die Substantive klein, aber viele Wörter werden ganz anders gesprochen als geschrieben.

a Vergleiche selbst:

	Wir schreiben:	Wir sprechen:
englisch:	teacher (Lehrer)	tietscher
	beautiful (schön)	bjutifull
französisch:	eau (Wasser)	o
	faux (falsch)	fo

b Fallen dir weitere Beispiele ein?

2 a Es gibt viele Regeln und Tipps, die dir beim richtigen Schreiben helfen können, z. B.:

1. Viele Wörter schreiben wir so, wie wir sie sprechen.
   Besonders hilfreich ist es, die Wörter wie ein Roboter zu sprechen:

   Scho-ko-la-den-eis-ver-käu-fer, Som-mer-son-ne.

2. Die Stammschreibung hilft dir, die richtige Schreibung zu finden:

   fa*h*ren – Fa*h*rer – Fa*h*rzeug – gefa*h*ren – Fa*h*rbahn – Fa*h*rt.

   Schreibst du den Infinitiv mit *h*, schreibst du auch alle verwandten Formen mit *h*.

3. Auch die Grammatik hilft dir beim richtigen Schreiben.
   Du kennst diese Regeln:
   – Satzanfänge werden großgeschrieben: *Frisches Obst ist gesund.*
   – Substantive werden großgeschrieben: *der Apfel, das Glück, die Fahrräder.*
   – Die Konjunktion (das Bindewort) *dass* wird immer mit *ss* geschrieben.
   – Hauptsatz und Nebensatz werden durch ein Komma getrennt:
     Die meisten Menschen wissen, dass frisches Obst gesund ist.

Kennst du noch weitere Regeln und Tipps, die dir bei der richtigen Schreibung helfen? Tauscht euch untereinander aus.

b Sicher hast du schon einmal mit einem Computerrechtschreibprogramm gearbeitet. Welche Erfahrungen hast du damit gemacht?

Aus Fehlern lernen

3 Im Deutschen gibt es nicht wenige Wörter und Wortformen, die beim Schreiben Probleme bereiten können. Mithilfe eines Tests kannst du herausfinden, welches deine Problembereiche sind.

Gehe so vor:
1. Lege ein DIN-A4-Blatt nach dem folgenden Muster an und übertrage alle fett gedruckten Angaben.
2. Übertrage dann – möglichst richtig ergänzt – die Sätze.

3. Überprüfe deine Ergebnisse anschließend mithilfe eines Wörterbuchs oder eines Computerrechtschreibprogramms. Notiere deine Fehlerzahl. Nun kannst du deine Stärken und Schwächen erkennen.

Überprüfe dich selbst und erkenne deine Fehler.

1. Doppelt oder einfach?

Al…e wol…ten am Schwim…fest teilnehmen. Bis… zum Mit…ag sah man… schon viele dunkle Wol…ken am Him…el aufziehen. Die Tan…te erkan…te den hel…en Wol…pul…over wieder. An… dem Wet…kampf nahmen bestim…t 15 Man…schaften teil.

2. Mit oder ohne *h*?

Ich muss sehr frü… mit der Ba…n in die Schu…le fa…ren. Das geschie…t i…m recht. Wir beobachten eine Scha…r Schwä…ne und ein Ru…del flie…ender Re…e. Wir ge…en einfach den Spu…ren im Ta…l nach. Gestern haben wir eine zie…mlich gefä…rliche Fa…rt überstanden. Man muss sich nä…mlich ste…ts um die Wa…rheit bemü…en.

3. *b* oder *p*? *d* oder *t*? *g* oder *k*?

Es ist schwer, gegen den Win… zu radeln. Dieser We… führt von dem Wer… we… . Wir malen den Kor… bun… an. Das Bil… an der Wan… ist bekann… . Er muss das Lei… mit Gedul… ertragen. Sei… wann sei… ihr in der Schule? Wir werden den Betru… hoffen…lich aufdecken. Dafür gi…t es ein Lo… .

4. *s*, *ss* oder *ß*?

Wer hätte da… gewu…t? Ich mu… noch ein bi…chen Grie… kaufen. Wer sa… denn da am Flu… im Gra…? Da… gro…e Hau… neben dem Schlo… mu… abgeri…en werden. Ich wei…, da… du gern rei…t.

Wörter mit Doppelkonsonanten

Häufig vorkommende Wortstämme richtig schreiben

Wörter mit Doppelkonsonanten

1 a Lies das folgende Gedicht vor. Achte dabei auf die Wörter mit kurzem Vokal.

Ein Hund

War ein fetter Hund,
der wog hundert Pfund.
Er lag in der Sonne
rund wie eine Tonne.
Wollte nicht rennen,
immer nur pennen
und sehr viel fressen,
die Arbeit vergessen.
Neulich in der Nacht
hat es laut gekracht.
Verschwunden war der Hund.
Geplatzt die hundert Pfund.

b Lege eine Tabelle nach folgendem Muster an. Schreibe aus dem Gedicht alle Wörter mit kurzem Vokal und Doppelkonsonanten heraus und trage sie ein.

Doppelkonsonanten

ll	mm	nn	ss	tt
...	...	...	...	...

c Lies die Wörter aus der Tabelle laut und deutlich vor. Unterstreiche die Konsonanten nach dem kurzen Vokal.

> Du weißt, folgt nach einem **kurzen, betonten Vokal** nur ein **Konsonant**, so wird dieser meist **verdoppelt**, z. B.: *So__nn__e, fa__ll__en*.

2 Welche der folgenden Wörter haben Doppelkonsonanten? Trage sie in die Tabelle von Aufgabe 1b ein. Du musst dafür weitere Spalten ergänzen.

Robben, Pudding, Kinder, Affe, Welle, schwimmen, wandern, können, tippen, knurren, Spalte, Drossel, Ball, Runde, Bitte, Folge, Bett, Winter, Tante, Kante, hell, Tipp

Häufig vorkommende Wortstämme richtig schreiben

3 a Du weißt, wenn du unsicher bist, ob du einen Doppelkonsonanten schreiben musst oder nicht, kannst du bei einsilbigen Wörtern die Verlängerungsprobe machen. Schau noch einmal im Rahmen nach, wie du dabei vorgehen musst.

> *Bal* oder *Ball*? – Die **Verlängerungsprobe** hilft:
> Bilde von dem Wort eine zweisilbige Wortform. Wenn du die einzelnen Silben deutlich sprichst, kannst du den Doppelkonsonanten meist hören, z. B.:
>
> *Bal* ? → *Bälle*   also: *Ball*
> *kom* ? *t* → *kommen* also: *kommt*
>
> Lässt sich das Wort nicht verlängern, dann wird auch nicht verdoppelt:
> *hin, von, zum, plus, an, am, man, bin, weg.*

b Probiere, ob die folgenden Wörter verlängert werden können.

Fall, krumm, rennt, in, um, mit, herum

4 a Ob du bei zwei- oder mehrsilbigen Wörtern einen Konsonanten einfach oder doppelt schreiben musst, kannst du auch auf andere Weise herausfinden. Schreibe die folgenden Wörter nach Silben getrennt auf.

Wolle, kommen, Wanne, Wette, müssen, Ebbe, Paddel, rollen, schaffen

Schreibe: Wolle = Wol – le

b Sprich sie dann deutlich aus.

> In einem mehrsilbigen Wort kann nach kurzem Stammvokal ein **Konsonant** an der Grenze zwischen zwei Silben stehen. Dann gehört er zu beiden Silben und heißt **Silbengelenk**.
> Diesen Konsonanten musst du beim Schreiben **verdoppeln**, z. B.:
>
> W o l ——— l e
>   Silbengelenk
>
> Beim silbenbetonten Sprechen kannst du den doppelt geschriebenen Konsonanten meist auch sehr deutlich doppelt hören, z. B.:   Wol - le
> **Aber:** Wenn an der Silbengrenze zwei verschiedene Konsonanten stehen, ist das kein Silbengelenk. Dann wird auch kein Konsonant doppelt geschrieben, z. B.:
>
> W o l ——— k e

Wörter mit Doppelkonsonanten

5 Welche der folgenden Wörter haben ein Silbengelenk? Schreibe diese Wörter alphabetisch geordnet auf und unterstreiche das Silbengelenk.

schaffen, bellen, Brille, kommen, wandern, rennen, Hunde, Wasserfälle, Wette, bunte, doppelt, Tante, Welle, gewinnen, Hütte, Winter, Kammer, zelten, wissen

6 Aus diesen Silben kannst du neun Wörter mit Silbengelenken, also mit Doppelkonsonanten, bilden. Die Rätselaufgaben helfen dir dabei.

(1) menschenähnliches Säugetier
(2) Nahrung aufnehmen
(3) Behältnisse (Plural)
(4) Handwerkszeug
(5) sehr nahe Verwandte
(6) Trinkgefäß
(7) Spielzeug
(8) sich bräunen
(9) vornehmes Haus

af	es	fäs	fe	ham
la	mer	mut	nen	
pe	pup	se	sen	ser
son	tas	ter	vil	

7 In jede Zeile hat sich ein Wort hineingeschmuggelt, das dort nicht hingehört. Finde es heraus.

Falle, Knaller, rollen, Hütte, Bett, Hund, Ball, brummen, schmuggeln, sammeln
Onkel, Punkt, Wand, Hände, halten, knallen, standen, Wald, Felder, Falten
konnte, rannte, wollte, Kinder, geküsst, verpennt, gewusst, angeschnallt

8 Schreibe den folgenden Text ab und füge, falls erforderlich, fehlende Buchstaben ein. Unterstreiche die Wörter mit einem Silbengelenk.

Aus dem Tagebuch eines Schiffbrüchigen (30. Dezember 1880)

Inmit…en eines schrecklichen Sturmes ging mein Schif… zu Bruch und ich wurde schwim…end an das ret…ende Ufer einer In…sel getrieben, die ich „In…sel der Verzweiflung" nan…te. Die gan…ze übrige Schif…sman…schaft ertrank. Gleich nach meiner Ret…ung erfas…te mich tiefste Verzweiflung. Ich war al…ein, ohne Nahrung und Kleidung, ohne ein Dach über dem Kopf und ohne Waf…en. Mit einbrechender Däm…erung klet…erte ich aus Furcht vor wil…den Tieren auf einen Baum und fiel in einen fes…ten Schlaf.

Wörter mit *h* oder ohne *h* im Wortstamm

1 Schreibe die folgenden Wörter nach Silben gegliedert auf. Prüfe durch silbenbetontes Vorlesen, an welcher Stelle in der Silbe das *h* steht. Markiere es farbig.

nehmen, dehnen, zählen, Fehler, belohnen, blühen, sehen, stehen

Schreibe: neh – men

In manchen Wörtern musst du nach einem lang gesprochenen Vokal ein **Dehnungs-*h*** schreiben, z. B.:
Kahn, Lohn, Ruhm.

Das Dehnungs-*h* steht stets am Ende einer Silbe, z. B.:
fah – ren, neh – men, Jah – re; Kahn, Käh – ne.

Neben dem Dehnungs-*h* gibt es das **silbenöffnende *h***, das stets am Silbenanfang steht. Das silbenöffnende *h* trennt im Zweisilber zwei Vokale, die jeweils zu einer Silbe gehören, z. B.:
se – hen, Kü – he.

Das erleichtert das Sprechen, weil sonst zwei Vokale aufeinander stoßen würden.

Ausnahmen sind: *säen, (ich) tue*.

---

2 Lege eine Tabelle an und trage die folgenden Wörter richtig ein.

Denke daran: Einsilbige Wörter musst du verlängern: *geht – gehen*.

Fohlen, fliehen, fahren, Jahre, beinahe, höher, ruhig, belohnen, droht, erzählen, ruht, ausziehen, wohnen, Uhr, Fehler, ohne, blüht, geschehen

Dehnungs-h	silbenöffnendes h
...	...

Noch eine Probe, die dir helfen kann: die **Verwandtschaftsprobe**:
Wenn ein Wort mit *h* geschrieben wird, werden auch alle verwandten Wörter mit *h* geschrieben, z. B.:
lehren, lehrst, gelehrt, Lehrer, Lehrling, Lehranstalt, Lehrstelle;
ruhen, ruhst, geruht, geruhsam, Ruhe, Unruhe, ruhelos, ruhig.

➡ S. 154: *Wortfamilien*.

Wörter mit *h* oder ohne *h* im Wortstamm

3   Versuche, zu den folgenden Wörtern möglichst viele verwandte Wörter zu finden, und schreibe sie auf. Unterstreiche das *h*.

fahren, wählen, sehen, nähen

4   Ihr kennt diese Regel:

> Vor *l*, *m*, *n*, *r*, das merke ja,
> steht sehr oft ein Dehnungs-*h*.

Überprüft sie. Geht dabei folgendermaßen vor:
1. Sucht aus den folgenden Wörtern die Wörter heraus, in denen vor den Buchstaben *l*, *m*, *n*, *r* kein *h* steht.

   klar, kahl, Kram, gähnen, quälen, Fehler, Schale, führen, Spuren, Taler, strahlen

2. Legt eine Tabelle nach folgendem Muster an und tragt diese Wörter geordnet nach den Konsonanten am Wortanfang ein:

kl	kr	qu	sch	sp	t
klar	...	...	...	...	...

3. Sucht weitere Wörter, die mit diesen Konsonanten beginnen, und tragt sie in eure Tabelle ein. Nehmt dabei das Wörterbuch zu Hilfe.

4. Was fällt euch auf?

> Beginnt ein Wort mit *kl*, *kr*, *qu*, *sch*, *sp* oder *t*, das merke ja,
> steht nie ein Dehnungs-*h*.

5   Übertrage das Rätsel in dein Heft und versuche es zu lösen.

- große Tür
- Hebevorrichtung
- Schneidewerkzeug
- Bildungseinrichtung
- altes deutsches Geldstück
- weißer Schwimmvogel
- langes, schmales Halstuch
- Laut, Klang
- Kopfbedeckung von Königen
- Gespenstererscheinung

T				
K	r			
S	c	h		
S	c	h		
T				
S	c	h	w	
S	c	h		
T				
K				
S	p			

Häufig vorkommende Wortstämme richtig schreiben

6 In diesem Text fehlt in 17 Wörtern ein *h*. Findest du sie? Schreibe den Text richtig ab.

Wer erfand die Coca-Cola?

(1) Es war kein berümter Wissenschaftler, sondern ein ganz gewönlicher Apotheker aus der Näe von Atlanta (USA). (2) Im Jare 1886 mixte John Pemberton zum ersten Mal diese braune Brüe, die heute die begerteste Limonade der Welt ist. (3) Das Rezept stet in keinem Buch und liegt sicher verwart in einem Staltresor. (4) Dennoch konnte es gescheen, dass das streng geütete Geheimnis entdeckt wurde. (5) Coca-Cola soll aus einer Vielzal von ausgewälten Zutaten besteen, z. B. Vanille, Coffein, Zitronensäure, Limonen, Karamell, Zucker und vieles mer. (6) Früer war sogar noch Alkool dabei.

7 a Langer Vokal – mit oder ohne *h*?
Schreibe den folgenden Text ab und ergänze die fehlenden Buchstaben.

(1) Forscher können bisher noch nicht erklä…ren, warum wir gä…nen. (2) Das Gä…nen stammt wa…rscheinlich aus der U…rzeit. (3) Um auf Na…rungssu…che oder zur Ja…gd zu ge…en, mussten die Menschen frü… wach werden, denn einen Ha…n, der am Morgen krä…t, oder eine Funku…r, die weckt, ga…b es nicht. (4) Deshalb hat die Natu…r zu einem Trick gegriffen: Wenn einer gä…nt, gä…nen auch andere mit. Sie werden se…r schnell mü…de und ge…en zu Bett.

b Lege eine Tabelle an. Trage alle Wörter mit langem Vokal in die richtigen Spalten ein.

mit Dehnungs-h	mit silbenöffnendem h	ohne h
…	…	…

Wörter mit *s*, *ß* und *ss* im Wortstamm

1 a Die folgenden Wörter mit *s*, *ss*, *ß* werden am häufigsten falsch geschrieben. Sie machen mindestens die Hälfte aller Fehler aus. Warum wohl?

ein bisschen, lesen – las – liest, lassen – ließ – lässt – lass, wissen – wusste – weiß, müssen – muss – musste, beweisen – bewies – Beweis, bloß, fließen – floss – fließt – Fluss, außen – draußen, vergessen – vergaß – vergisst, Fleiß – fleißig, essen – aß – isst, riesig, reisen – reiste – Reise, reißen – riss – reißt, fast, meist, messen – misst – Maß

b Lege die folgende Tabelle an und ordne die Wörter ein.

Wörter mit s	Wörter mit ss	Wörter mit ß
lesen – las – liest	bisschen	…
…	…	…

Wörter mit s im Wortstamm

> Wenn du nicht weißt, wie du den *s*-Laut nach einem langen Stammvokal oder einem Diphthong (Doppellaut) schreiben musst, so führe die **Verlängerungsprobe** durch.
> Hörst du in der verlängerten Form ein **stimmhaftes *s***, so schreibst du *s*:
> Prei*s* – Prei*s*e; la*s* – la*s*en.
>
> Auch die **Verwandtschaftsprobe** hilft dir.
> Schreibst du ein Wort mit *s*, schreibst du auch alle verwandten Wörter mit *s*:
>
> le s t? → verwandte Wörter: le*s*en – la*s* – lie*s* – lie*s*t.
> ß

2 a Schreibe den folgenden Text ab und ergänze die fehlenden Buchstaben.

(1) Wohin muss man rei…en, um in Deutschland Gold zu finden? (2) Der Ort, in dem bereits 1335 Gold nachgewie…en wurde, befindet sich in der Nähe von Sonneberg. (3) Dort förderte man übrigens auch Ei…en und Silber. (4) In Theuern, von Wie…en mit saftigem, grünem Gra… eingesäumt, wurden insgesamt 4,7 t Gold gewonnen. (5) Die… kann man auch im dortigen Goldmuseum nachle…en. (6) Am gla…klaren Grümpenbach, wo sich Fuchs und Ha…e gute Nacht sagen, kann man auch heute noch sein Glück versuchen. (7) Im Wesentlichen reicht eine feinlöchrige Blechdo…e aus, um das lo…e Bachgestein durchzusieben. (8) Noch über 30 kg Gold sollen in dem Bach liegen. (9) Deshalb sei wei…e und schürfe lei…e und behalte dieses Geheimnis für dich.

b Suche zu den Wörtern, die du ergänzt hast, möglichst viele verwandte Wörter.

Wörter mit ß im Wortstamm

3 a Lest die folgenden Wörter vor und achtet darauf, das *ß* stimmlos zu sprechen.

beißen, fleißig, gießen, groß, grüßen, heiß, Maß, stoßen, spaßig, Spieß, Strauß, süß

b Formuliert Regeln für die Schreibung des stimmlosen *ß*. Beachtet:
– Wird der Vokal oder der Doppellaut vor dem *ß* lang oder kurz gesprochen?
– An welcher Stelle kann das *ß* im Wort stehen?
– Wird das *ß* stimmhaft oder stimmlos gesprochen, wenn du einsilbige Wörter verlängerst? (groß – größer)

c Vergleicht eure Regeln mit den folgenden im Rahmen.

Häufig vorkommende Wortstämme richtig schreiben

> Nach **langem Vokal** oder **Diphthong** (Doppellaut) im Wortinnern steht *ß*, z. B.:
> *Straße; fleißig*.
>
> *ß* kann auch **vor einem Konsonanten** oder am **Wortende** stehen, z. B.:
> *grüßt; Fleiß*.
>
> *ß* wird stets **stimmlos** gesprochen.

4 Sprich die folgenden Wörter deutlich, dann hörst du, ob du ein *s* oder ein *ß* ergänzen musst. Schreibe sie, geordnet nach *s* und *ß*, auf.

Rie…en, Wie…en, spa…ig, So…e, Ho…e, Stra…e, Glä…er, Ro…en, grü…en, bewei…en, verrei…en, ei…ig, sau…en, eine wei…e Blu…e, ein gro…er E…el, ein sü…er Ha…e

Wörter mit ss im Wortstamm

5 Lies die folgenden Wörter laut vor. Achte besonders auf den kurzen, betonten Vokal und bei mehrsilbigen Wörtern auf silbenbetontes Lesen.

Wasser, lassen, nass, küssen, müssen, Ass, Flüsse, Kasse, Ross, Kissen, Gewissen

> Nach **kurzem, betontem Vokal** im Wortinnern steht *ss*, z. B.:
> *Fass, Tasse*.
>
> *ss* wird stets **stimmlos** gesprochen.

6 Gesucht werden Wörter mit *ss*. Übertrage das Rätsel in dein Heft und versuche es zu lösen. Schreibe statt *ä – ae*, statt *ö – oe* und statt *ü – ue*.
Unterstreiche *ss*.

- Körperteil eines Elefanten
- Gewässer (Plural)
- Nahrung aufnehmen
- Behältnis
- Ort zum Bezahlen
- Schülergruppe
- Trinkgefäß
- Sitzmöbel

Wörter mit s, ß und ss im Wortstamm

7 Verlängere die folgenden Wörter oder führe sie auf ihre Grundform zurück.

Fass, lässt, Ass, passt, Schloss, krass, Kuss, misst, Kompass, fasst an, Biss, blass

Schreibe: Fass – Fässer; lässt – lassen ...

Bilde mit ihnen Sätze. Versuche, bei allen Sätzen bei einem Thema zu bleiben.

> **Einsilbige Wörter mit kurzem Stammvokal** werden meist mit *ss* geschrieben, wenn du sie verlängern kannst, z. B.:
>
> bla*ss* – bla*ss*er,   aber: plu*s*, bi*s*, wa*s*.

8 a Bildet von jedem Verb die Leitformen und leitet ein Substantiv oder ein Adjektiv ab. Unterstreicht die verschiedenen *s*-Laute mit unterschiedlichen Farben. Was stellt ihr fest?

schließen, fließen, schießen, essen, messen, fressen, beißen, passen

Schreibe: essen – aß – gegessen – das Essen – essbar ...

b Schreibt die folgende Rechtschreibhilfe ab und ergänzt sie. Notiert Beispiele dazu.

> **ss und ß wechseln** manchmal zwischen Verbformen und abgeleiteten Wörtern (Substantiven, Adjektiven):
> Nach kurzem Vokal schreibt man ...
> Nach langem Vokal schreibt man ...

9 Diktiert diesen Text eurer Nachbarin oder eurem Nachbarn. Überprüft gemeinsam besonders die Schreibung der *s*-Laute mithilfe der erarbeiteten Regeln.

Warum am Kopf Beulen entstehen können

Bei Beulen am Kopf handelt es sich um größere Blutansammlungen. Der Arzt sagt dazu Bluterguss. Ein Bluterguss entsteht meistens nach heftigen Stößen auf die Kopfschwarte. Diese ist sehr derb und wenig nachgiebig und lässt dadurch das Blut nicht abfließen. Das erschwert die Ausbreitung von Ergüssen und Entzündungen. Es kommt zu Beulen, die meist rund wie ein Kreis sind. Fast jeder von uns weiß, wie schmerzhaft sie sein können, wenn man sie anfasst. Damit die Beule nicht größer wird, muss man sie mit Wasser kühlen. Übrigens: Wer Indianerbücher liest, weiß, wie begehrt Kopfschwarten oder Skalpe als Kriegsbeute waren.

Häufig vorkommende Wortstämme richtig schreiben

das oder *dass*?

Bei der Frage, ob du **dass** oder **das** schreiben musst, hilft dir die **Ersatzprobe**:

Kannst du *das/dass* durch *dieses* oder *welches* ersetzen, musst du *s* schreiben:
Das Fahrrad, das (welches!) wir uns gestern angeschaut haben, hätte ich gern.
        (Relativpronomen)
Das (dieses!) gefällt mir.

Ergibt der Ersatz keinen Sinn, musst du *ss* schreiben:
Ich hoffe, dass (welche / diese?) sie alle kommen.
        (Konjunktion)

Weiterer Tipp:
Die Konjunktion *dass* steht als Einleitung in Nebensätzen, die häufig auf solche Verben folgen wie z.B.:
hoffen, glauben, wissen, sich freuen, wünschen, sagen, finden.

S.124: *Relativpronomen*. S.146: *Konjunktionen*.

10 Bilde mit den Satzanfängen vollständige Sätze und schreibe sie auf.
Achte auf das Komma, das immer stehen muss, wenn *dass* nach diesen Verben steht.

(1) Ich hoffe, dass ...
(2) Frank meint, ...
(3) Dirk glaubt, ...
(4) Seine Eltern wünschen, ...
(5) Franz weiß, ...
(6) Herr Müller möchte, ...

11 *das* oder *dass*? Schreibe ab und setze richtig ein. Begründe deine Entscheidung.

Im Dorf Pressel, ... in der Nähe von Leipzig liegt, lebte Ende des 19. Jh. der Schneider Gustav Kögel. Er wurde dadurch bekannt, ... er den gesamten Globus zu Fuß umrundete. Eine amerikanische Zeitung hatte ihm 10000 US-Dollar geboten, so... ihm die Entscheidung nicht schwer gefallen war. Schon bald nach dem Start wäre beinahe alles zu Ende gewesen. Auf einer schmalen Brücke, die er überqueren musste, die aber weder über einen Fußweg noch über ein Geländer verfügte, kam ihm ein Zug entgegen. ... er diesen Zwischenfall überlebte, war ein großes Glück. Mit insgesamt 15000 Beweisstücken seiner Erdumrundung erreichte der Schneider sein Ziel San Francisco. Dennoch hatte er die Wette verloren. ... misstrauische russische Konsulat in Berlin verwehrte ihm ein Visum, so... er die geplante Strecke durch Sibirien nicht nehmen konnte.
... kostete ihn die 10000 Dollar.

12 Kennst du diese Sprichwörter?
Vervollständige die Lücken durch *das* oder *dass* und schreibe den Text ab.

(1) Was du heute kannst besorgen, … verschiebe nicht auf morgen.
(2) Glück und Glas, wie leicht bricht … .
(3) Was der Mensch sät, … wird er auch ernten.
(4) … ihn viele gehn, … macht den Weg nicht schön.
(5) Morgen, morgen, nur nicht heute, … sagen alle faulen Leute.
(6) Was man nicht im Kopf hat, … hat man in den Beinen.

13 Schreibe die folgenden Sätze ab und berichtige dabei die Fehler.

(1) Das Kleid, dass im Schaufenster ausgestellt ist, das ist leider zu teuer.
(2) Ich glaube, das du Recht hast.
(3) Was Fritz behauptet, dass ist ganz einfach erfunden.
(4) Wusstest du, das die Suppe so alt ist wie das Feuer?
(5) Nein, dass hätte ich nicht geglaubt.
(6) Das Viola kommt und das sie Blumen mitbringt, dass ist eine Überraschung.
(7) Ich bin der Meinung, das das nicht zu schwer ist.

Wörter mit *b*, *d*, *g* und *p*, *t*, *k*

1 a Diktiert euch die folgenden Wörter und korrigiert sie anschließend gegenseitig.

Geld, Schuld, Krug, Feld, Stab, Pfad, Brand, Kind, Schlag, Zwerg, Gold

b Vergleicht, wie ihr den jeweiligen Konsonanten am Stammende sprecht und wie ihr ihn schreibt. Wiederholt, welche Probe euch hilft, ähnlich klingende Konsonanten am Stammende richtig zu schreiben.

2 Suche zu jedem der folgenden Wörter ein Reimwort mit *b*, *d*, *g*.
Wenn du bei der Schreibung nicht sicher bist, mach die Verlängerungsprobe.

Hand, Geld, Bad, Herd, gab, Kind, Stand, schlug, halb, Berg, fand

3 *b*, *d*, *g* oder *p*, *t*, *k*? Schreibe den Text ab und füge die fehlenden Buchstaben ein.

(1) Bran…schutz ist ein bedeuten…er Beitra…, um Leben, Gesun…heit und Gel… zu erhalten. (2) In der Schule ga… es Gott sei Dan… sei… langem keinen Bran…. (3) Hoffen…lich bleibt das auch währen… des Sommers so. (4) Wer z. B. ein Auto, Motorra… oder Mope… im trockenen Gras abstellt, handel… sor…los.
(5) Der Fahrer krie…t vom Or…nungsam… eine Verwarnung.

Wörter mit schwierigen Buchstabenverbindungen

Im Deutschen gibt es einige Laute, die unterschiedlich geschrieben werden, z. B.:

f-Laut: *fallen, hoffen, Vater, Physik;*
ks-Laut: *Axt, Knacks, Lachs, Keks, flugs.*

1 a Lest das Gedicht aufmerksam durch und schreibt alle Wörter mit *f, ff, ph* und *v* heraus. Berichtigt, wenn nötig, ihre Schreibung und legt für diese Wörter eine Tabelle an.

Delfine schwimmen schnell und leis
(man schreibt sie auch mit „ph" –
                     ich weiß;
doch schreibt man ja „das Tele-f-on",
und dies bereits seit langem schon) –
sie schwimmen (wie gesagt, mit „f") –
sie schwimmen – vorn ihr alter Scheff
(wir schreiben schließlich auch „Schofför) –
sie schwimmen also durch das Meer.

Was heißt durchs „Meer"? –
                Sogar durch „Meere"!
Und manche altgediente Mähre,
wie überhaupt so manches Ferd
(mit „V" wär es t o t a l verkehrt),
glaubt, sie sei schnell wie ein Delfin!
(Das zweite „e" ist schlecht für ihn.)
Orthogravieh – das sieht man hier –
ist nicht ganz leicht für Mensch und Tier.

Mähre = altes, abgemagertes Pferd

Schreibe:

f	ff	ph	v
...	...	...	...

b Sucht weitere Wörter, die ihr in die Spalten eintragen könnt. Wer findet die meisten?

2 Gesucht werden Wörter mit *x, chs, cks, ks, gs*. Kannst du die Rätselaufgaben lösen?

(1) schlaues Tier
(2) Gegenteil von rechts
(3) böse Alte im Märchen
(4) Kampfsport (mit Handschuhen)
(5) Tintenfleck
(6) schnell, (so)gleich, *veraltet*
(7) schmackhafter Fisch

Wörter mit ähnlich oder gleich klingenden Vokalen

1 Wie schreibst du die folgenden Wörter, mit *e* oder *ä*? Welche Probe hilft dir?

sein Vorhaben …ndern, an einer geeigneten St…lle rasten, sich verst…ndlich machen, sich die Haare k…mmen, sich abh…rten, die Pferdest…lle s…ubern

> Du weißt, die **Verwandtschaftsprobe** hilft, wenn du unsicher bist,
> ob ein Wort mit *e* oder *ä* bzw. *eu* oder *äu* geschrieben wird:
> Prüfe, ob du ein stammverwandtes Wort mit *a* bzw. *au* kennst:
>
> H nde? (e/ä) → verwandtes Wort: *H<u>a</u>nd*, also: *H<u>ä</u>nde*.
>
> tr umen? (eu/äu) → verwandtes Wort: *Tr<u>au</u>m*, also: *tr<u>äu</u>men*.

2 Schreibe die folgenden Wortgruppen ab und setzte *e* oder *ä*, *eu* oder *äu* ein.

die Kühe in die St…lle bringen, den Sieger mit Blumenstr…ßen begrüßen, die M…ngel beseitigen, die Glocken l…ten, über die Z…ne springen, die Dr…hte glühten, als Str…selkuchenverk…fer arbeiten, die Ern…hrung sichern, eine große Verb…gung machen, sich mit einem R…tsel qu…len, ein Ger…sch hören, eine gef…hrliche Ausfahrt

3 Die folgenden Wörter musst du dir gut einprägen, weil man keine verwandten Wörter mit *a* oder *au* findet. Bilde Sätze.

März, Lärm, Geländer, spät, Käse, Säule, dämmern, grässlich, sich sträuben, vorwärts

> Da es nur sehr wenige deutsche **Wörter mit *ai*** gibt, ist es das Beste,
> wenn du sie dir merkst: *Hai, Kaiser, Laich, Laie, Mai, Main, Mais, Saite, Waise*.

4 Erkläre, was die Wörter im Rahmen bedeuten. Wenn du ein Wort nicht kennst, schlage in einem Wörterbuch nach.

Schreibe:
Ein Hai ist ein Raubfisch.

Groß- und Kleinschreibung

Großschreibung der Substantive

1 Beim Verfassen der folgenden Zeitungsnachricht wurde der Text im Computer durch einen falschen Befehl vollständig in Großbuchstaben geschrieben.

EINE DICKE BETONSCHICHT IM DACH HAT DEN PLANMÄSSIGEN ABRISS DES HAUSES OSTPLATZ 6 VERZÖGERT. URSPRÜNGLICH SOLLTE DER RIESE ZUM SOMMERBEGINN VERSCHWUNDEN SEIN. „UNSERE FIRMA HAT ABER DIE VERZÖGERUNG JETZT FAST AUFGEHOLT", ERKLÄRTE GESTERN DER BAULEITER HORST SCHRÖDER. „INZWISCHEN WURDE UNSER KRAN ABGEBAUT UND DIE PLATTEN DER UNTEREN ETAGEN WERDEN SCHON VOM BODEN HER DEMONTIERT."

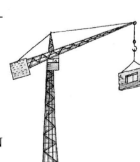

a Schreibe den Text in der üblichen Schreibweise ab. Beachte, dass die Substantive großgeschrieben werden. Woran erkennst du sie?

b Mit welchem Anfangsbuchstaben (groß oder klein) musst du OSTPLATZ, HORST und SCHRÖDER schreiben? Aus welchem Grund?

Du weißt, **Substantive** werden **großgeschrieben**.
Du erkennst sie an ihren **Begleitern**:

– bestimmter oder unbestimmter Artikel: *das Dach, eine Firma*
– Präposition mit Artikel: *im (in dem) Haus, ins Haus, vom Kran*
– Pronomen (z. B. Possessivpronomen): *meine Straße, eure Wohnung*

Abgeleitete Substantive erkennst du auch an solchen **Suffixen** wie
-ung, -heit, -keit, -schaft oder *-nis*, z. B.:
die Hoffnung, die Freundschaft.

 S. 139: *Substantive.*

---

2 Bilde aus den folgenden Wörtern mithilfe der Suffixe *-ung, -heit, -keit, -schaft* oder *-nis* Substantive. Verwende sie in einer Wortgruppe oder einem Satz. Unterstreiche die Suffixe und die Begleiter der Substantive.

meinen, bereit, wagen, neu, sauber, erleben, klug, berechnen, eigen, unaufmerksam

Schreibe: meinen – meine Meinung

Großschreibung der Substantive / Substantivierung

Substantivierte Verben und Adjektive

3 a Lies den folgenden Text und schreibe die markierten Wortgruppen heraus. Bestimme die Wortart der unterstrichenen Wörter. Warum werden sie großgeschrieben?

Aus dem Tagebuch eines Schiffbrüchigen (31. Dezember 1880)

Ganz in der Nähe, hinter einer Bergkuppe, beobachtete ich *das Aufsteigen* von weißem Rauch. Was sollte das bedeuten? Vorsichtig bahnte ich mir einen Weg durch das dichte Grün eines Lorbeerwaldes. Lianen, die von den Bäumen hingen, behinderten mich *beim Laufen*. Die letzten Meter bis zum Kamm des Berges konnte ich nur *durch mühsames*
5 *Kriechen* auf allen Vieren bewältigen. *Mit Zittern und Zagen* wagte ich einen Blick über die Kuppe auf jene Stelle, von der der Rauch aufstieg. *Im Liegen* war nicht viel zu sehen. Dafür drang *ein ohrenbetäubendes Donnern und Tosen* vom Tal herauf. Erst *nach vorsichtigem Aufrichten* entdeckte ich einen riesigen Wasserfall. Das Weiße, das ich als Rauch wahrgenommen hatte, entpuppte sich als eine Wolke aus feinen Wassertröpfchen, die der kräftige
10 Wind in die Höhe beförderte. Mir war *zum Heulen*. Voller Enttäuschung und erschöpft *vom langen und beschwerlichen Gehen* kehrte ich in meine einsame Bucht zurück. Doch was war das? Von den fünf Kokosnüssen vermisste ich vier. *Das Fehlen* des größten Teils meiner „Ernte" beunruhigte mich sehr. War ich doch nicht allein auf der Insel?

> Verben können zu Substantiven werden. Wir sprechen dann von
> **substantivierten Verben**. Du kannst sie an ihren Begleitern erkennen:
>
> – an einem Artikel: *das* Spielen
> – an einem Pronomen: *unser* Schwatzen
> – an einem Zahlwort: *das erste* Treffen
> – an einem Adjektiv: *schnelles* Laufen
> – an einer Präposition (z. T. mit Artikel): *durch* Fragen, *mit* Warten, *zum* Heulen
>
> Substantivierte Verben werden **großgeschrieben**.
>
> S. 127: *Verben*.

b Schau dir noch einmal die Wortgruppen an, die du in Aufgabe a herausgeschrieben hast, und benenne die Begleiter der substantivierten Verben.

4 Schreibe die Sätze in berichtigter Form ab und unterstreiche die Substantive.

(1) wenn fliegen hinter fliegen fliegen, dann fliegen fliegen fliegen hinterher.
(2) wenn robben hinter robben robben,
     dann robben robben robben hinterher.
(3) wenn walzen walzen, dann walzen walzen.

Groß- und Kleinschreibung

5 a In dem folgenden Text sind Adjektive zu Substantiven geworden. Schau genau hin. Findest du alle substantivierten Adjektive? Das erste ist bereits unterstrichen.

Warum werden die Blätter im Herbst bunt?

(1) Jedes Jahr im Herbst können wir uns an <u>dem Bunten</u> in Wald und Flur erfreuen. (2) Fast über Nacht färben sich die Blätter der Laubbäume. (3) Viele Menschen fragen sich: Wo ist denn das sommerliche Grün geblieben? (4) Die Bäume treffen Vorsorge für den Winter und ziehen alles Lebenswichtige aus den Blättern in die Wurzel hinab. (5) Die Wurzel ist der Vorratskeller des Baumes. (6) Das Gelb und Braun der Blätter zeigt den Entzug der Nährstoffe an. (7) Das Interessante daran ist, dass nicht die Kälte das Signal für die Färbung auslöst, sondern der Sonnenstand. (8) Jede Pflanze verfügt über etwas ganz Raffiniertes: Eine Art Belichtungsmesser lässt die Laubfärbung immer dann einsetzen, wenn die Tage kürzer werden. (9) Das Gute aber ist, dass er auch reagiert, wenn die Tage wieder länger werden: Dann kann die Natur wieder mit ihren Farben begeistern und dem Auge viel Schönes bieten.

b Lege eine Tabelle nach folgendem Muster an und trage die substantivierten Adjektive mit ihren Begleitern ein. Unterstreiche die Begleiter und – wenn vorhanden – die Endung des substantivierten Adjektivs.

Artikel	Präposition (+ Artikel)	unbestimmtes Zahlwort
...	<u>an dem</u> Bunt<u>en</u>	...

6 Bilde aus den folgenden Adjektiven Substantive und verwende sie in Wortgruppen mit den unbestimmten Zahlwörtern *viel, wenig, etwas*.

gut, neu, schön, interessant, bedeutend, schlecht, wichtig

Schreibe: <u>den Kindern etwas Gutes tun</u>

Substantivierte Adjektive kannst du an ihren Begleitern erkennen:

– an einem Artikel: *<u>das</u> Schöne, <u>das</u> Blau*
– an einer Präposition (z. T. mit Artikel): *für Neues, <u>an dem</u> (<u>am</u>) Schönen*
– an einem unbestimmten Zahlwort: *viel Schönes*

Substantivierte Adjektive haben im Nominativ oft die Endung -*es* oder -*e*: *viel Neu<u>es</u>, wenig Gut<u>es</u>; das Neu<u>e</u>, das Gut<u>e</u>.*

Substantivierte Adjektive werden **großgeschrieben**.

S. 143: *Adjektive.*

Schreibung der Anredepronomen

1 Lisa und Chris arbeiten in der Redaktion der Schülerzeitung mit. Sie bereiten für die nächste Nummer zwei Interviews vor. Lisa will Olaf, den Sieger des Schulsportfests im Mehrkampf, interviewen und Chris schreibt an den bekannten Fußballer Udo Knieschützer, der einmal Schüler an ihrer Schule war.

Fragen an Olaf

- Wie oft in der Woche trainierst du?
- Wer ist dein Trainer?
- Wie hilft er dir bei Problemen?
- Welches ist deine Lieblingsdisziplin im Mehrkampf?
- …

Fragen an Udo Knieschützer

- Wann haben Sie mit dem Fußballspielen begonnen?
- Wer war Ihr erster Trainer in unserem Ort?
- Was war Ihr größter sportlicher Erfolg?
- …

a Suche aus beiden Fragelisten die Anredepronomen heraus. Erkläre die unterschiedliche Schreibung.

> Du weißt, in der **höflichen Anrede**, z. B. in Briefen oder in Zeitungsinterviews, werden das Personalpronomen *Sie* und das Possessivpronomen *Ihr* und alle ihre Formen **großgeschrieben**, z. B.:
>
> *Wir bitten Sie, uns Ihre Antwort bald zuzusenden. Wir danken Ihnen im Voraus.*

S. 26: *Briefe und E-Mails schreiben.*

b Stelle weitere Fragen für die beiden Interviews zusammen. Schreibe sie auf und achte auf die Schreibung der Pronomen in der höflichen Anrede.

2 Schreibe zu den Interviewfragen an den Fußballer einen Begleitbrief. Tausche dich mit deiner Nachbarin/deinem Nachbarn aus, was dieser enthalten müsste. Achte beim Abfassen des Briefes auf die richtige Schreibung der Anredepronomen.

Arbeitstechniken nutzen

In Untersuchungen zur Rechtschreibung von Schülerinnen und Schülern der Klassenstufe 6 hat man ermittelt, dass in Diktaten und Aufsätzen durchschnittlich 5 Fehler auf 100 Wörter auftreten – anders gesagt: 95 von 100 Wörtern werden richtig geschrieben. Das ist doch insgesamt kein schlechtes Ergebnis, oder? Dabei hat man auch herausbekommen, dass nur einige wenige Wörter – wir nennen sie Fehlerwörter – immer wieder falsch geschrieben werden. Auf den nächsten Seiten findest du Übungen und Tipps, damit du solche „rechtschreibgefährdeten" Wörter künftig richtig schreibst.

Richtig abschreiben

1 Richtiges Schreiben kannst du vor allem durch häufiges Schreiben lernen. Es ist wie beim Sport: Nur ständiges Trainieren sichert gute Leistungen. Eine Möglichkeit ist, Wörter gezielt und bewusst abzuschreiben.

a Suche aus deinem Sprach- oder Lesebuch oder aus der Zeitung einen kurzen Text heraus. Schreibe ihn ab. Halte dich dabei an die Schritte im Rahmen.

Wie du beim Abschreiben vorgehen kannst

1. Lies den Text, bevor du ihn abschreibst, aufmerksam durch.
2. Unterstreiche alle schwierigen Wörter.
3. Gliedere längere Sätze durch Schrägstriche in sinnvolle Teilsätze oder Wortgruppen und versuche, sie auswendig aufzuschreiben.
4. Sprich beim Schreiben halblaut mit.
5. Lies deinen Text noch einmal gründlich durch und korrigiere Fehler.
6. Schreibe alle Wörter, bei denen du Probleme hattest, noch einmal richtig heraus.

---

b Übe das Abschreiben an folgendem Text.

(1) Was ist eine Fata Morgana?
(2) Eine Fata Morgana ist ein riesiges Bild am Horizont, / das durch Luftspiegelung entsteht. (3) Wissenschaftler sprechen von einem Trugbild, / weil eigentlich dieses Bild / in Wirklichkeit gar nicht so existiert. (4) Die Spiegelung entsteht / über stark erhitzten Flächen, / z. B. über dem heißen Wüstensand. (5) Man sieht dann / durch diese Spiegelung Gegenstände, / die weit entfernt sind, / greifbar nah. (6) Das können Gebäude, Berge, / Oasen, Meere, Seen und Wasserstellen sein.

Mit schwierigen Wörtern (Fehlerwörtern) umgehen

1 Die Schreibung mancher Wörter lässt sich gar nicht so leicht einprägen. Die folgenden Wörter, deren schwierige Stellen jeweils markiert sind, gehören dazu.

Arzt, lesen, liest, las, Interesse, interessieren,
essen, aß, isst, meistens, meist, interessant,
ein bisschen, müssen, musst, muss, Maschine,
fast (beinahe), nämlich, Medaille,
geben, gibt, gab, nehmen, nimmst, nahm, Physik,
geizig, nirgends, Rhythmus, hoffentlich, stets, Ingenieur,
kommen, kommst, kam, vielleicht, Skateboard,
lassen, lässt, ließ, gar nicht, Theater

a Suche zehn Fehlerwörter heraus. Verfahre mit ihnen, wie im Rahmen beschrieben.

Wie du die Schreibung von Fehlerwörtern richtig übst

1. Schau dir das Wort genau an. Das Auge unterstützt das Einprägen.
2. Schreibe das Wort mehrfach. Sprich es beim Schreiben leise mit.
3. Markiere die schwierigen Stellen.
4. Merke dir bei Fremdwörtern auch die Aussprache und die Bedeutung. Nutze die „Robotersprache", d. h., sprich das Wort nach Silben gegliedert.
5. Suche nach verwandten Wörtern oder Ableitungen bzw. Zusammensetzungen.

---

b Schreibe alle Fehlerwörter ab und ergänze sie durch weitere Wörter, die dir beim Schreiben Probleme bereiten. Übe ihre Schreibung regelmäßig.

Sammle alle deine Fehlerwörter in einem kleinen Extraheft.

2 Die richtige Schreibung von Fehlerwörtern könnt ihr auch sehr gut zu zweit üben. Geht dabei folgendermaßen vor:

1. Jeder sucht sich zehn Fehlerwörter aus der Liste (Aufgabe 1) heraus. Ihr könnt sie auch in einfachen Sätzen verwenden.
2. Diktiert euch nacheinander diese Wörter bzw. Sätze.
3. Vergleicht anschließend gemeinsam mit der Liste. Schreibt die Wörter, die ihr falsch geschrieben habt, noch einmal richtig auf und markiert eure Fehlerstelle.

➡ S. 162, Aufgabe 1a: *Hier findest du weitere Fehlerwörter, die du üben kannst.*

Mit Rechtschreibung spielen und experimentieren

1 a Die richtige Schreibung von Fehlerwörtern kannst du auch spielerisch üben. Schau dir die folgenden Wortpyramiden genau an. Wie sind sie aufgebaut?

INTERESSIEREN

I
IN
INT
INTE
INTER
INTERE
INTERES
INTERESS
INTERESSI
INTERESSIE
INTERESSIER
INTERESSIERE
INTERESSIEREN

b Baue mit dem Wort *Bronzemedaille* eine ähnliche Pyramide.

2 Die folgenden Fremdwörter sehen etwas merkwürdig aus. Sie sind falsch geschrieben, nämlich so, wie man sie spricht. Erkennst du sie? Schreibe sie richtig auf.

Blamasche	Massasche	Kompjuter
Medallje	Inschenjör	Kaubeu
Träner	Garasche	kuhl
Kwalität	Schenie	Sitti

3 Suche möglichst viele Wörter mit langem Stammvokal, die ohne *h* geschrieben werden (waagerecht: von links nach rechts bzw. senkrecht: von oben nach unten). Schreibe sie auf.

R	Z	I	E	M	L	I	C	H	V
N	X	Y	S	T	E	T	S	D	I
A	S	C	H	U	L	E	M	L	E
M	K	H	I	E	L	T	X	E	L
L	A	S	M	A	L	E	N	G	O
S	M	G	A	R	N	I	C	H	T
T	G	K	A	M	E	N	B	O	C
A	I	G	A	B	S	C	H	O	N
A	B	R	A	D	N	U	N	R	S
T	S	C	H	W	I	E	R	I	G

Mit Rechtschreibung spielen und experimentieren

4 Wer findet die meisten Wörter mit Doppelkonsonanten?

```
H M B Ä L L E V U W E N N K A N N S T
B E K A N N T E R A N N A A L O T T O
E V O S T I M M E N O Y S S L A S S L
G B I S S C H E N N E L S T E S S E N
A T R I F F S T B P B E T T T U C H M
N F Ä S S C H E N I S T I M M T A B U
T R N E T T H E L L J U M U S S T E E
```

5 Welche Bedeutungsangabe ist richtig? Kontrolliere deine Entscheidung mithilfe eines Wörterbuchs. Schreibe die Fremdwörter mit der richtigen Bedeutungsangabe auf.

DIPHTHONG
a) Fluss in China
b) Riesenschlange
c) Doppellaut

MALHEUR
a) ein kleines Missgeschick
b) französisch für: Maler
c) coffeinhaltiges Getränk

SOUFFLEUSE
a) Alkoholabhängige
b) Theaterangestellte, die den Text vorsagt
c) Haarkünstlerin

DOUBLE
a) Ersatzschauspieler im Film
b) Metall
c) Musikinstrument

SKATEBOARD
a) Kartenspiel
b) vorderer Teil eines Schiffes
c) Rollerbrett

NIVEAU
a) Automarke
b) Stand, Rang, Stufe
c) Hautcreme

6 Schau genau hin. Zu welchen Wörtern gehören die Buchstabenbündel?

| äml | ib | ine | mmst | ssch | pera | ets | aille | nieu | ches | ähr | ress | ppar | rzt | ielle |

bisschen, vielleicht, nämlich, Arzt, gibt, Apparat, Maschine, Interesse, kommst, gefährlich, Temperatur, Orchester, Ingenieur, stets, Medaille

7 Vervollständige die folgenden Sätze. Oft hilft dir ein Reim.

(1) Sei schlau, kein *tz* nach *ei*, … . (*Geiz, Kreuz, Kauz*)
(2) *tz* darf man trennen, das muss man… . (*Kat-ze*)
(3) Trenne ruhig *st*, denn es tut ihm gar nicht … . (*Kis-te*).
(4) Wer *nämlich* mit *h* schreibt, ist … .
(5) Vor *l, m, n, r,* das merke ja, steht sehr oft ein … . (*Kahn, Jahr, nahm*)
(6) *Gar nicht* wird gar … .

Wichtige grammatische Bezeichnungen

	deutsche Bezeichnung	Beispiel
Adjektiv	Eigenschaftswort	schön, gelb, breit
Adverb	Umstandswort	*Draußen* ist es sehr kalt.
Adverbialbestimmung/ Adverbial	Umstandsbestimmung	
kausal	des Grundes	*Wegen des schlechten Wetters* bleibt das Schwimmbad zu.
lokal	des Ortes	Wir wohnen *dort*.
modal	der Art und Weise	Ich renne *blitzschnell* nach Hause.
temporal	der Zeit	Er kommt *um 6 Uhr*.
Akkusativ	4. Fall	den Mann; ihn
Artikel	Geschlechtswort	der, die, das; ein, eine, ein
Attribut	Beifügung	der *kleine* Junge, die *neue* Jacke *des Jungen*, das Haus *mit dem schiefen Dach*
Dativ	3. Fall	dem Mann; ihm
Deklination	Beugung eines Substantivs oder Adjektivs	der große Hund, des großen Hundes, dem großen Hund, ...
Diphthong	Doppellaut	au, eu / äu, ei / ai / ey / ay
direkte Rede	wörtliche Rede	Sie fragt: *„Kommst du mit?"*
finite Verbform	gebeugte Verbform	ich lese, du erzählst, wir schreiben
Futur I	Zukunft	ich werde laufen, er wird sagen
Genitiv	2. Fall	des Mannes; seiner
Genus	grammatisches Geschlecht	der Ort, die Stadt, das Dorf
infinite Verbform	ungebeugte Verbform	sprechen; gesprochen
Infinitiv	Nennform des Verbs	sprechen, fahren, raten
Kasus	Fall	der Hund, des Hundes, dem Hund, den Hund
Komparation	Steigerung eines Adjektivs	schön, schöner, am schönsten
Komparativ	Mehrstufe, 1. Steigerungsstufe	schöner, höher, freundlicher
Konjugation	Beugung eines Verbs	ich hole, du holst, er holt, ...
Konjunktion	Bindewort	und, oder, als, dass
Konsonant	Mitlaut	b, c, d, f, ...

	deutsche Bezeichnung	Beispiel
Nominativ	1. Fall	der Mann; er
Numerale	Zahlwort	
bestimmtes Numerale	bestimmtes Zahlwort	eins, zwei; dritter, vierter
unbestimmtes Numerale	unbestimmtes Zahlwort	wenige, viele, alle
Numerus	Zahl	das Haus, die Häuser
Objekt	Ergänzung	
Akkusativobjekt	Ergänzung im 4. Fall	Siehst du *das Haus*?
Dativobjekt	Ergänzung im 3. Fall	Ich danke *dir*.
Genitivobjekt	Ergänzung im 2. Fall	Wir erinnern uns *seiner*.
Präpositionalobjekt	Ergänzung mit Verhältniswort	Wir erinnern uns *an sie*.
Partizip II	Mittelwort	gelacht, gesprochen
Perfekt	vollendete Gegenwart	ich bin gelaufen, er hat gesagt
Personalpronomen	persönliches Fürwort	ich, du, er, sie, es; wir, ihr, sie
Plural	Mehrzahl	die Schüler, die Häuser
Plusquamperfekt	vollendete Vergangenheit	ich war gelaufen, er hatte gesagt
Positiv	Grundstufe	schön, hoch, freundlich
Possessivpronomen	besitzanzeigendes Fürwort	mein, dein, sein, ihr, sein; unser, euer, ihr
Prädikat	Satzaussage	Der Junge *rennt*.
Präfix	Vorsilbe	be-, ent-, miss-, ur-, zer-
Präposition	Verhältniswort	aus, in, ohne, zwischen
Präsens	Gegenwart	ich laufe, er sagt
Präteritum	Vergangenheit	ich lief, er sagte
Pronomen	Fürwort	er, sie; sein, ihr
Relativpronomen	bezügliches Fürwort	Der Junge, *der* mir half, ...
Singular	Einzahl	der Schüler, das Haus
Subjekt	Satzgegenstand	*Der Junge* rennt.
Substantiv/Nomen	Dingwort, Hauptwort, Namenwort	Stadt, Auto, Freude
Substantivierung	Umwandlung in ein Substantiv (Dingwort)	das *Läuten* der Glocke, das *Grün* des Waldes
Suffix	Nachsilbe	-heit, -ung; -ig, -lich
Superlativ	Meiststufe, 2. Steigerungsstufe	am schönsten, am höchsten, am freundlichsten
Tempusform	Zeitform	ich singe, ich sang, ich habe gesungen, ...
Verb	Tätigkeitswort, Zeitwort	rufen, schwimmen, telefonieren
Vokal	Selbstlaut	a, e, i, o, u

Was finde ich wo?

Lernbereiche	Unsere Muttersprache 6	Unser Lesebuch 6
LB 1 Gewusst wie	Lesetechniken S. 63 ff., 85 Texterschließung S. 82 ff. Informationsbeschaffung S. 91 ff. Textproduktion S. 30 ff., 98 ff. Diskussion S. 8 ff. Kurzvortrag S. 101 ff. Fehlervermeidung und -berichtigung S. 155 ff.	6. Kap.: Lerntechnik Lesen S. 127 ff. Teilüberschriften S. 155 ff., 165 Internetrecherche S. 50 f., 163, 166 Textproduktion S. 34 f., 37 f. u. a. Fishbowl-Diskussion S. 168
LB 2 Schritt für Schritt: Wort – Satz – Text	Wortarten S. 126 ff. Wortschatzerweiterung S. 147 ff. Satzglieder S. 108 ff. Satzgefüge S. 123 f. Satzverbindung S. 122 Satzbaupläne/Satzbilder S. 121 Laut-Buchstaben-Beziehungen S. 157 ff. Groß- und Kleinschreibung S. 170 ff.	3. Kap.: lyrische Sprachspielereien S. 59–63, 69 Vergleiche S. 66
LB 3 Über mich und andere: Kinder hier und anderswo	Informationsbeschaffung S. 91 ff. Vorlesen S. 63 ff. Diskussion S. 8 ff. Berichten S. 57 ff. Kurzvortrag S. 101 ff.	1. Kap.: Kindheit hier S. 7 ff. 4. Kap.: Kindheit zu anderen Zeiten S. 77 ff. 9. Kap.: Kinder der Welt S. 193 ff.
LB 4 Entdeckungen: Helden und Idole	Vorlesen S. 63 ff. Nacherzählen S. 37 ff. Beschreiben S. 57 ff. Sich im Spiel ausdrücken S. 18 ff.	7. Kap.: Sagen S. 149 ff. 8. Kap.: Jugendbuch S. 170 ff. Puppenspiel S. 126 Stegreif-, szenisches Spiel S. 109 ff.
LB 5 Die Welt der Bücher: Autor und Buch	Jugendbuch vorlesen S. 63 ff. Kreatives Schreiben S. 42 ff. Kurzvortrag S. 101 ff.	8. Kap.: Lesetagebuch S. 170 ff. Autorenlesung S. 192
LB 6 Fantasie und Wirklichkeit: Abenteuer und Gruseliges	Vorlesen S. 54 ff. Nacherzählen S. 37 ff. Mit Gedichten umgehen S. 72 ff. Kreatives Schreiben S. 42 ff.	3. Kap.: Lyrik S. 57 ff. 4. Kap.: Epik S. 77 ff. Vergleiche S. 66
WP 1: Vorhang auf – Lasst die Puppen tanzen	Sich im Spiel ausdrücken S. 18 ff.	5. Kap.: Spielszenen S. 103 ff. Lasst die Puppen tanzen S. 126
WP 2: Verknüpfte Geschichten	Hypertext S. 45 f.	
WP 3: Feste feiern – Traditionen wahren	Informationsbeschaffung S. 91 ff. Kurzvortrag S. 101 ff. *Projekt:* Wir feiern erzgebirgische Weihnachten S. 96 f.	

Sachwortverzeichnis

Ableitung 152
Abschreiben 174
Adjektiv 143
Adverb 145
Adverbialbestimmung 111, 112
Akkusativobjekt 113
Aktiv 135
Anredepronomen 173
Attribut 116, 117
Aufzählung 119

Begleiter 170
Begleitsatz 125
Begründung 14
Beobachtungsbogen ausfüllen 12
Berichten 58, 61
Beschreiben
　B einer Person 54
　B. eines Gegenstands 50, 51
　B. eines Vorgangs 48
Bestimmungswort 150
Betreffzeile 28
Blitzlichtmethode 25
Briefe schreiben 27, 29

Dativobjekt 113
Diphthong 163, 164
direkte Rede 125

Echogespräch 10
Einleitewort 120
Einwände formulieren 15
Elfchen schreiben 76
E-Mails schreiben 29
Ersatzprobe 166
Erweiterungsprobe 114
Erzählen
　mündliches E. 30
　schriftliches E. 32
　E. nach Karten 42
　Gestaltungsmittel 34

Erzählperspektive 39
Erzählplan 36

Fehlerwörter 175
Fishbowl-Gespräch 13
Frageprobe 137, 139
Fugenelement 150
Futur I 133

Gedicht 73
　G. auswendig lernen 79
Genitivobjekt 113
Geschichten schreiben
　G. umschreiben 44
　einen Erzählkern ausgestalten 42
　eine Fortsetzung schreiben 43
　eine verknüpfte G. schreiben 45, 46
　nach Bildern schreiben 43
　nach Karten erzählen 42
Gesprächsregeln 9, 12
Gestik 20
Großschreibung
　G der Substantive 170
　G. der Anredepronomen 173
Grundwort 150

Hauptsatz 121, 122, 123
Hyperlink 45
Hypertext 45

Imperativ 131
Infinitiv 129
Informationen entnehmen 90
Inhaltsverzeichnis 91

Karteikarten 105
Klappentext 71, 93
Konjunktion 122, 123, 146
Konjunktionalsatz 123

Konsonant 157, 158, 160, 161, 164
Kurzvortrag 105, 107

Leitformen / Stammformen 127
Lesehilfen 67
Lesetechnik 82, 85
Lesevortrag 65

Mimik 20
Mindmap 149

Nachschlagewerke 91
Nebensatz 121, 123
Numerale 144

Oberbegriff 148
Objekt 108, 113

Partizip I 129
Partizip II 129, 135
Passiv 135
Perfekt 133
Personalpronomen 141
Personifizierung 78
Plusquamperfekt 132, 133
Possessivpronomen 141
Prädikat 108, 109
prädikativer Rahmen 109
Präfix 152
Präposition 137
Präpositionalobjekt 114
Präsens 133
Präteritum 133
Probentipps (Theater) 23, 25
Pronomen 141

Quellenangabe 93, 95

Register 92
Reim 73
Relativpronomen 124, 142

Relativsatz 124
Rollenspiel 18

Sachtext 82, 90
Satz 108, 120
Satzbauplan/Satzbild 121
Satzgefüge 123
Satzglied 108
Satzgliedteil 117
Satzverbindung/Satzreihe 122
Schaubild 85
Silbengelenk 158
Standbild 21
Stellungnahme 14, 15
Stichwortverzeichnis 92
Strophe 73
Subjekt 108, 109
Substantiv 139
   Großschreibung der S. 170
substantivierte Adjektive 172
substantivierte Verben 171
Suffix 152, 170

Texte schreiben 98
Texte überarbeiten 100

Umstellprobe 108
Unterbegriff 148

Veränderungsvorschläge
   formulieren 15
Verb 127, 128
Vergleich 78
Verlängerungsprobe 153, 158, 163
Vers 73
Verwandtschaftsprobe 160, 163, 169
Vokal 164
Vorlesen 65, 67
Vorlesewettbewerb 69, 71

Weglassprobe 118
Wortarten 126
Wortfamilie 154
Wortfeld 147
Wortstamm 152

Zeitangaben 133
Zeitformen 132, 133
Zeitstufen 132
Zerlegeprobe 153
Zuhören 11
Zusammensetzung 150

Quellenverzeichnis

Texte:
6 Verg, Martin: Von Bögen und Bahnen: So wird Papier hergestellt. Online im Internet: http://www.geo.de/GEOlino/wissenschaft_technik/2003_02_GEOlino_papierherstellung [Abrufdatum: 14.05.2004]. | 22 f. Hausaufgaben. In: Schmalenbach, Heinz (Hg.): Spielbare Witze für Kinder. Niedernhausen: Falken, 1991, S. 45. | 32 f. Friedmann, Herbert: Der geheime Hund. In: Westhoff, Hannelore (Hg.): Die schönsten Hundegeschichten. Ravensburg: Buchverlag Otto Maier, 1993, S. 29 ff. | 37 f. Esser-Palm, Regina: Das Schloss im Schwarzen See. In: Textwelten. Berlin: Cornelsen, 2001, S. 23 ff. | 40 f. Eine Gießkanne voll Gift. Nach: Pausewang, Gudrun: Eine Gießkanne voll Gift. In: G. P.: Es ist doch alles so grün ... Umweltgeschichten nicht nur für Kinder. Ravensburg: Buchverlag Otto Maier, 1991, S. 101 ff. | 44 Ekker, Ernst: Baronesse Draculesse. In: Recheis, Käthe (Hg.): Schlag 12 beginnt die Geisterstunde. München: dtv junior, 1997, S. 107 f. | 63 Ein Fremder in der Nacht. In: Funke, Cornelia: Tintenherz. Hamburg: Dressler, 2003, S. 9 f. | 66 Schubert, Ulli: Die Schulhoferpresser. Ein Fall für die Reporterkids. Würzburg: Arena, 1998, S. 69. | 67 ff. Rowling, Joanne: Harry Potter und der Stein der Weisen. Hamburg: Carlsen, 1998, S. 5 ff. | 70 Klappentexte: Schubert, Ulli: Die Schulhoferpresser. Ein Fall für die Reporterkids. Würzburg: Arena, 1998. – Schlüter, Andreas: Level 4 – Die Stadt der Kinder. München: Deutscher Taschenbuch Verlag, 1998. | 71 Klappentexte: (A) Härtling, Peter: Ben liebt Anna. Weinheim, Basel: Beltz, 1986. (B) von der Grün, Max: Vorstadtkrokodile. Reinbek bei Hamburg: Rowohlt Taschenbuch Verlag, 1978. (C) O'Dell, Scott. Insel der blauen Delfine. München: Deutscher Taschenbuch Verlag, 1977. | 74 Erhardt, Heinz: Die Made. In: Das große Heinz-Erhardt-Buch. Hannover: Goldmann, 1970, S. 82. | 75 Seidel, Heinrich: Das Huhn und der Karpfen. In: Fünfzig Kindergedichte. Ausgewählt von Heinz-Jürgen Kliewer. Stuttgart: Reclam, 2000, S. 20. | 77 Mörike, Eduard: Septembermorgen. In: Werke in einem Band. München, Wien: Hanser, 1981 – Busta, Christine: Der Sommer (Nach dem Gedicht). Aus: Fünfzig Kindergedichte. Ausgewählt von Heinz-Jürgen Kliewer. Stuttgart: Reclam, 2000, S. 30. | 82 Der *Große Brockhaus*: Kompaktausgabe in 26 Bänden. Bd. 16. Wiesbaden: Brockhaus 1984, S. 20. | 83 Der Weg der Samenpflanzen. In: Pflanzen. Die schönsten und erstaunlichsten Blütenpflanzen aus aller Welt. Reihe: Sehen, Staunen, Wissen. Hildesheim: Gerstenberg, 1991, S. 28 f. | 86 f. Vom Winde verweht. In: ebd., S. 30 f. | 89 Nach: Juniorwissen Natur. Remsek bei Stuttgart: Unipart Verlag, 1991, S. 47. | 91 Inhaltsverzeichnis: Juniorwissen: Der Mensch. Remseck bei Stuttgart: © Peter Halfar Media GmbH & Co., 1977. | 92 Register: Naturführer für Kinder: Mein Körper. Lüneburg: Saatkorn-Verlag, 1994 (© der deutschen Ausgabe 1994 Verlag Klaus Gerth, Asslar). | 93 Klappentext: Das große Buch der Naturmedizin. Rastatt: © by VPM Verlagsunion Pabel Moewig KG. | 101 f. Kinder berichten aus Bombay (Indien). In: terre des hommes 2/1989. | 102 f. Mirzapur (Indien). In: Pollmann, Uwe (Hg.): Zum Beispiel Kinderarbeit. Göttingen: Lamuv Verlag, 1991, S. 56 f. | 103 Lima (Peru). In: ebd., S. 57 f. | 106 f. Kabaddi. In: Lukácsy, András: Spiele aus aller Welt: Budapest: Corvina, 1972, S. 124 f. | 111 f. Nach: Luxusgut Katze. In: Brigitte, Nr. 4, 02/1993, S. 99 ff. | 112 Ein Nager erobert die Welt. Nach: Die Macht der Mäuse. In: Das große Jugendbuch. Stuttgart, Wien, Zürich: Verlag Das Beste, 1994, S. 52 f. | 115 Christine V. erzählt. Nach: Filmratten suchen liebe Hände mit viel Zeit. In: Brigitte, Nr. 4, 02/2000, S. 108 f. | 117 Exoten im Wohnzimmer. Nach: Zens, J.: Ein Hauch von Wildnis im Wohnzimmer. In: Berliner Zeitung v. 28.06.2000. | 120 Postdetektive. Nach: Bei „Frau Schulz, Berlin" müssen auch die Postdetektive passen. In: Berliner Zeitung v. 08./09.07. 2000 | 123 Rauchzeichen als Sprache? Nach: Vom Winde verweht. In: Hätten Sie's gewusst? Stuttgart, Wien, Zürich: Verlag Das Beste, 1992, S. 189 f. | 126 Morgenstern, Christian: Gruselett. In: Alle Galgenlieder. Frankfurt am Main: Insel-Verlag, 1972, S. 309. | 137 Monjau, Heide: Wilhelmine Reichard – erste deutsche Ballonfahrerin. 1788 bis 1848. „Gleich einem Sonnenstäubchen im Weltall...". Eine dokumentarische Biographie. Freital 1998. | 140 Frauen in ihren „fliegenden Kisten". Nach: Die Chronik der Frauen. Dortmund: Chronik-Verlag, 1992, S. 106. | 143 Tod einer Ballonfahrerin. Nach: Eine Ballonfahrerin stürzt ab. In: Die Chronik der Frauen. Dortmund: Chronik-Verlag, 1992, S. 324. | 144 Der Preis der Daily Mail. Nach: Karl Rezak: Rund um die großen Erfindungen. Berlin: Der Kinderbuchverlag, 1996, S. 172 f. | 146 Nach: Nonstop und allein über den Atlantik. In: Die Chronik der Frauen. Dortmund: Chronik-Verlag, 1992, S. 473. | 157 Ein Hund. In: Die Hexe bürstet ihren Drachen. Ein Jahrbuch für Kinder. Berlin: Der Kinderbuchverlag, 1982, S. 161. | 162 Wer erfand die Coca-Cola? Nach: Freie Presse, Beilage v. 01.09.2000. | 162 Nach: Ist Gähnen ansteckend? In: Freie Presse, Beilage v. 01.09.2000. | 163 Nach: Goldsucher in Deutschland? In: Freie Presse, Beilage v. 22.09.2000. | 165 Warum am Kopf Beulen entstehen können. Nach: Freie Presse, Beilage v. 29.09.2000. | 166 Nach: Im Dorf Pressel. In: Freie Presse, Beilage v. 04.10.1996. | 168 Nach: Erhardt, Heinz: Delfine. In: Das große Heinz-Erhardt-Buch. Gütersloh: Bertelsmann, o. J., S. 54. | 172 Nach: Warum werden die Blätter im Herbst bunt? In: Freie Presse, Beilage v. 04.10.2000.

Fotos:
Einband Th. Schulz, Hohen Neuendorf | 6/7 Verband Deutscher Papierfabriken e.V. | 21 T. Schneider, Berlin | 30 CINETEXT, Frankfurt a. M. | 43 Artothek, Peissenberg/VG Bild-Kunst Bonn, 2001 | 44 CINETEXT, Frankfurt a. M. | 51 Archiv vwv | 52 (o.) Superbild, Berlin – (Mi.) Helga Lade Fotoagentur, Berlin – (u.) dpa | 55 (li.) AGK, Berlin – (re.) ullstein bild, Berlin | 57 Gymnasium in der Taus, Backnang | 63 Cornelia Funke, Dressler | 67, 68 Joanne Rowling, Carlsen | 70 (o.) Ulli Schubert, Arena – (u.) Andreas Schlüter, Deutscher Taschenbuch Verlag | 77 (li.) stone/Getty Images, München – (re.) © Werner Otto/Reisefotografie, Oberhausen | 82 Archiv vwv | 83 Leo Franz Postl/Keystone | 86, 87 H. Lange, Bad Lausick – (u.) P. Hartmann, Berlin | 91 (1., 2. v. li.) T. Schneider, Berlin, (3. v. li.) Was ist was?, Tessloff, (re.) Archiv vwv | 94 Online im Internet: http://www.google.de [Abrufdatum: 18.05.04] | 95 Online im Internet: http://www.geo.de/GEOlino [Abrufdatum: 18.05.04] | 102 Wolfgang Schmidt/Das Fotoarchiv | 103 argus/Schwarzbach | 108 Jane Goodall Institut, München | 117 T. Schneider, Berlin | 118 © Werner Otto/Reisefotografie, Oberhausen | 137 Bildarchiv Preußischer Kulturbesitz, Berlin | 139 Focus, Hamburg | 145 ullstein bild, Berlin.

Zeichnungen: 40, 41, 47, 157, 175, 176 B. Förth | 85 W. Zieger

Wir danken den Rechteinhabern für die Abdruckgenehmigung. Da es uns leider nicht möglich war, alle Rechteinhaber zu ermitteln, bitten wir, sich gegebenenfalls an den Verlag zu wenden.